Monika Maron

Zwei Brüder

Gedanken zur Einheit 1989–2009

Mit Fotografien von
Jonas Maron

S. Fischer

Satz: Dörlemann Satz, Lemförde
Druck und Bindung: CPI – Clausen & Bosse, Leck
Printed in Germany
ISBN 978-3-10-048834-3

Die in diesem Band enthaltenen Fotografien von Jonas Maron sind zwischen November 1989 und Frühjahr 1990 entstanden.

Inhalt

Ich war ein antifaschistisches Kind

Ich war das Kind von Kommunisten. Ich habe gelernt, dass die Welt sich nicht in Nationen teilt, sondern in Klassen, und dass das Vaterland aller Proletarier die Sowjetunion ist: Das glaubte ich, solange ich ein Kind war. Und auch, als ich aufgehört hatte zu glauben, waren es nicht die Kämpfe der Nationen, war es nicht das Verhängnis der deutschen Nation, die meine jugendliche Suche zwischen Recht und Unrecht, Macht und Ohnmacht leiteten. Ich wuchs auf in einer Welt der Ideologien, nicht der Nationen, Deutschland ist mir erst allmählich als Problem angetragen worden. Noch vor einigen Jahren hätte ich nicht geglaubt, dass es mir je zum Thema werden könnte. Und auch heute weiß ich nicht, ob ich wirklich von Deutschland spreche, wenn ich von Deutschland spreche.

Vor sechs Jahren besuchte ich das Haus, in dem ich geboren wurde. Es steht in Berlin-Neukölln, im heutigen West-Berlin also. Ich hatte meine alte Straße über dreißig Jahre nicht gesehen, und es war, wie es immer ist, wenn ein Erwachsener die Welt seiner Kindheit besichtigt. Das Unheimliche unserer Erinnerung schrumpft zur Heimlichkeit des Wiedersehens. Ein

Hauch von Selbstmitleid umweht uns: Wie klein müssen wir gewesen sein, dass uns diese Straße so breit, jenes Haus so hoch und dieser kurze Weg so weit erscheinen konnte. Und die Frage, ob das Kind, das sich in uns erinnert, wirklich der gleiche Mensch war, und ein Gefühl, als wäre unser Ich ein Wir.

Zwei Namen im Stillen Portier kannte ich noch. Es waren zwei der wenigen deutschen Namen, die zwischen den türkischen und slawischen noch zu finden waren, und ich dachte, dass die Geschichte des Hauses sich fortsetzte, wie sie begonnen hatte, denn die ersten Mieter dieses Hauses im Jahre 1907 waren Polen. Sie hießen Josefa und Pawel Iglarz und waren meine Großeltern.

Josefa entstammte einer strenggläubigen katholischen Familie aus einem Ort in der Nähe von Lodz. Pawel kam aus einer orthodoxen jüdischen Familie in Galizien. Beide lösten sich aus der religiösen Enge ihrer Elternhäuser und traten in die Baptistengemeinde ein, wo sie sich auch kennenlernten. Beide wurden von ihren Elternhäusern verstoßen.

Fast achtzig Jahre später bewog die Erinnerung an diese familiäre Erfahrung meine Mutter, jüngstes Kind von Josefa und Pawel, sich mit mir zu versöhnen, nachdem sie für längere Zeit ihre Beziehung zu mir abgebrochen hatte, weil ich ein Buch in der falschen Stadt hatte verlegen lassen. Sie habe nachts wach gelegen, erzählte sie, und plötzlich sei ihr klar gewesen, dass sie nichts anderes tue, als ihre Großeltern getan hatten, die den eigenen Kindern das Haus verschlossen, weil sie den falschen Glauben hatten.

Meine Großeltern zogen nach Berlin. Ihren vier Kindern gaben sie deutsche Namen: Bruno, Paul, Marta, Helene, genannt Hella. Um für die ganze Familie auch die deutsche Staatsbürgerschaft zu kaufen, was möglich gewesen wäre, verdiente Pawel, Schneider bei Peek und Cloppenburg, zu wenig Geld.

Josefa, die zeit ihres Lebens nicht mehr schreiben konnte als den eigenen Namen, erzog die Kinder in großer Frömmigkeit. Pawel wurde Kommunist.

Später zog in das Neuköllner Haus die Familie F., mit der Pawel und Josefa sich befreundeten. An den Sonntagen trafen sich die Männer und sprachen über Politik. Als Hannchen, die Tochter der F.s, sich mit dem Tischler Gustav verlobte, kam er als Dritter in die sonntägliche Runde. Es war die Zeit der Inflation und der Weltwirtschaftskrise. Von den drei Männern der Familie Iglarz – auch Pawels Söhne waren inzwischen Schneider – fand oft nur einer Arbeit, manchmal auch keiner. Trotzdem sind die Erinnerungen meiner Mutter weniger von der Armut dieser Jahre geprägt als von einem kämpferischen Überlebensmut und einer selbstverständlichen Solidarität, wofür sie selbst das Wort Klassenkampf benutzt.

Als Hannchen und Gustav heirateten und ihre Tochter Christa geboren wurde, übernahmen sie die Wohnung in dem Neuköllner Hinterhaus. Hannchens Eltern hatten sich ein kleines Häuschen im Grünen gebaut. Trotzdem traf man sich noch lange an den Sonntagen, bis Gustav eines Tages seinem kommunistischen Schwiegervater und dem Juden Pawel Iglarz erklärte, diesmal wisse er aber, wie er sich zu entscheiden habe. Als Pawel an diesem Tag nach Hause kam, sagte er zu seiner Familie, dass sich nun auch die Sonntage ändern würden. Und bald darauf kam Gustav, bis eben noch selbst Kommunist, mit einem anderen Parteibuch nach Hause und in einer nagelneuen Uniform. Gustav war Nazi geworden.

Als ich mein altes Haus besuchte, fand ich Hannchens und Gustavs Namen im Stillen Portier. Ich klingelte in der dritten Etage. Eine etwa sechzigjährige Frau öffnete mir, Hannchens Tochter Christa. Ich nannte ihr meinen Namen, ich sei Monika Maron, sagte ich, und sie schrie nach hinten über den Korridor: Mutti, rat mal, wer gekommen ist, Monika Iglarz ist da. Als Monika Iglarz wurde ich geboren, die uneheliche Tochter der Helene Iglarz, der die Rassengesetze verboten, einen Arier zu heiraten.

Wir saßen an dem großen Tisch im Wohnzimmer, tranken Kirschlikör und sprachen über die Zeiten, in denen wir alle noch in dem Haus gewohnt hatten.

Gustav war einige Jahre zuvor gestorben. Ob ich mich an ihn erinnere, fragten sie, und ob ich noch wisse, wie oft ich bei ihnen gewesen wäre, da nebenan in der Küche. Ich wusste es noch. Dann, unvermittelt, sagte Christa, dass sie es ja gesehen hätten.

Ich verstand nicht, wovon sie sprach, und fragte, was sie gesehen hätten.

Und sie sagte: Na das. Wir haben gesehen, wie sie deinen Großvater weggebracht haben.

Ich weiß nicht, ob sie glaubten, dass ich gekommen war, um sie danach zu fragen. Ich hätte sie nicht gefragt.

Christa erzählte, sie hätten gerade zufällig die Tischdecke ausgeschüttelt. Nicht Mutti, wir haben doch gerade die Tischdecke ausgeschüttelt? Und zu mir: Nicht, dass du denkst, wir hätten aus Neugier hinter der Gardine gestanden. Es war wirklich Zufall.

Der Tag, über den sie sprach, lag 45 Jahre zurück.

Ich hätte es nicht schlimm gefunden, wenn sie einfach hinter der Gardine gestanden und zugesehen hätten, wie sie Pawel wegbrachten. Selbst Josefa und die Kinder hatten ja nichts anderes tun können als zusehen.

Alle polnischen Juden wurden in diesem November 1938 des Landes verwiesen. Man transportierte sie an die deutsch-polnische Grenze, wo sie neun Monate in Eisenbahnwaggons und ähnlichen Notunterkünften zubrachten, weil die polnische Regierung den polnischen Juden die Einreise in ihr Land verweigerte.

Im Juli 1939 kam Pawel noch einmal für zwei Wochen in das Neuköllner Haus. Um seine Angelegenheiten zu klären, hieß es. Josefa hatte zu wählen, ob sie ihren Mann begleiten oder sich von ihm scheiden lassen wollte. Sie ging mit ihm. Die Schwestern Marta und Hella blieben in der elterlichen Wohnung. Der älteste Bruder Bruno war zwei Jahre zuvor gestorben. Paul lebte mit seiner Frau einige Minuten Fußweg entfernt. Er war Schneider bei Herpig, einem berühmten Atelier in der Leipziger Straße, wo, wie meine Mutter erzählte, selbst Göring arbeiten ließ. Und einmal musste Paul sogar für Herpig nach Karinhall fahren. Als der Krieg ausbrach, wurde Paul für kurze Zeit interniert und danach in einem Berliner Rüstungsbetrieb zwangsverpflichtet.

Meine Großeltern gingen zurück in Josefas altes Dorf, wo fast alle Leute Przybilski hießen wie auch Josefa vor ihrer Hochzeit. Dort durften sie noch kurze Zeit miteinander leben, ehe ein Pole Pawel denunzierte und Deutsche ihn in ein Ghetto bei Lodz sperrten. Deutsche waren es auch, die ihn und andere Juden aus dem Ghetto in einen Wald brachten, ihn zwangen, sein eigenes Grab zu graben, und ihn erschossen. So jedenfalls erzählte es uns eine nichtjüdische polnische

Verwandte, die meinem Großvater, solange er lebte, heimlich Lebensmittel ins Ghetto gebracht hatte.

Gustav brachte seine Mitgliedschaft bei der SA wenig Nutzen. Er wurde als einer der Ersten eingezogen. Hannchen erinnerte sich genau, wie er eines Tages aus der Kneipe kam und sagte: Es gibt bald Krieg. Krieg hat Gustav nicht gewollt, Krieg hat doch keiner gewollt, sagte Hannchen.

Die Frauen blieben in dem Haus zurück. Wann und wie sie die Sprachlosigkeit zwischen den beiden Familien beendeten, wussten sie nicht mehr.

Sicher im Luftschutzkeller, sagten Hannchen und Christa, vermutete auch meine Mutter.

Gustav wurde wegen seines Alters und eines steifen Fingers an der rechten Hand bald wieder ausgemustert und zum Luftschutzwart unseres Hauses ernannt. Er hätte unter anderem dafür zu sorgen gehabt, dass Hella, Marta und ich diesen Keller nicht benutzten, wie es die Rassengesetze vorschrieben. Aber das hat er nicht gemacht, sagte Hannchen. Er könne nicht zulassen, dass zwei Frauen mit einem Säugling ausgesperrt würden, habe er gesagt und uns auf seine Verantwortung in den Keller gelassen.

Hannchen war froh, mir diese Geschichte über ihren Mann erzählen zu können. Auch ich war froh, dass es die Geschichte über Gustav gab. Ich wollte nicht, dass Hannchen sich vor mir schämte.

Josefas und Pawels Kinder überlebten den Krieg. Gustav musste sich entnazifizieren lassen. Wochenlang hätten sie auf Koffern leben müssen, erzählte Hannchen, weil man dem Nazi Gustav und seiner Familie die Wohnung wegnehmen wollte. Jemand aus dem Nachbarhaus sei scharf darauf gewesen. Als Hannchen und Gustav ihre Koffer packen mussten, durfte Hella meinen endlich auspacken. Seit meiner Geburt hatte er bereitgestanden für den Fall, dass man Marta und Hella eines Tages doch noch abgeholt hätte und ihre Freundin Lieschen mich hätte aufziehen müssen.

Sie würde nie vergessen, erzählte Hannchen, wie Hella eines Tages von einer Versammlung kam, bei ihnen klingelte und sagte, dass sie in ihrer Wohnung bleiben könnten. Deine Mutter hatte für uns gutgesprochen, sagte Hannchen zu mir. Hella selbst erinnerte sich daran nicht. Als ich sie fragte, warum sie die beiden verteidigt haben könnte, sagte sie: aus Freundschaft. Sie seien Freundinnen geworden in den Jahren des Krieges, Hannchen, Marta und sie. Und Gustav sei ja auch kein richtiger Nazi gewesen, nur einer, der, als alles anfing, endlich einmal auf der Seite der Sieger stehen wollte, wo man ihn ohnehin nicht lange geduldet hat. Aber niemals sei Gustav für unsere Familie eine Bedrohung gewesen. Einen richtigen Nazi hätte Hannchen auch gar nicht lieben können.

So retteten die Töchter der polnischen Familie Iglarz und der deutschen Familie F. die Freundschaft, die ihre Väter nach dem Ersten Weltkrieg begonnen hatten, über den mörderischen Zweiten.

So war das, sagte Christa, mein Opa war Bolschewist, und mein Vater war Nazi.

Und Hannchen, nicht ohne Herausforderung in den Augen, fragte: Und weißt du, was wir jetzt sind? – Zeugen Jehovas.

Mit dem Krieg endete die polnisch-jüdische Geschichte der Familie Iglarz. Meine Großeltern hatte sie das Leben gekostet. Josefa war, ein Jahr bevor man ihren Mann ermordete, gestorben, weil ihr, der Frau des Juden, im besetzten Polen ärztliche Hilfe verweigert wurde. Pawels und Josefas Kinder überlebten den Krieg und verloren sich doch. In einer Geschichte, in der sie nicht mehr die Opfer waren.

Seit ihrer Jugend waren die drei Kommunisten. Gleich nach dem Krieg arbeitete Hella für die kommunistische Fraktion des Berliner, später des Ost-Berliner Magistrats. Paul wurde Pressefotograf für die neuen antifaschistischen und kommunistischen Zeitungen im Osten. Immer noch wohnten wir alle in Neukölln, das zum amerikanischen Sektor gehörte.

Hella wurde, als sie an einem Sonntag das *Neue Deutschland* und Flugblätter in Neuköllner Wohnhäusern verteilte, denunziert, verhaftet und von einem amerikanischen Militärgericht zu dreißig Tagen Gefängnis oder tausend Mark Geldstrafe verurteilt. Angesichts der Jahreszeit – es war November – und der kalten Gefängnisse beschloss die Partei, das Geld zu sammeln und ihrer Genossin den Gefängnisaufenthalt zu ersparen.

1951 zog Hella mit Marta und mir in den Ostteil der Stadt, der sich damals Demokratischer Sektor von Groß-Berlin nannte. Ich verbinde mit diesem Wechsel angenehme Erinnerungen. In West-Berlin war ich der einzige Junge Pionier in der Klasse, wahrscheinlich sogar in der ganzen Schule gewesen. In der neuen Schule war ich eine von vielen. Und da meine Mutter nur in Westgeld bekam, was wir unbedingt für die Miete und die Stromrechnung brauchten, war unser ständiger Geldmangel angesichts der vollen Geschäfte oft nur schwer zu ertragen. Nun war ich gleich mit allen, glaubte ich. Ich wohnte auf der Seite der Wahrheit und der historischen Sieger. Ich war zehn Jahre alt, und das Wort Kommunist war für mich ein Synonym für guter Mensch. Alle Menschen, die mir nahestanden und die ich liebte, waren Kommunisten.

Vor einem Jahr hat Martin Walser gesagt, er müsste sich, um von seinen Kindheitserinnerungen der frühen vierziger Jahre erzählen zu können, in ein antifaschistisches Kind verwandeln.

Ich war ein antifaschistisches Kind.

Müsste ich mich, um von meinen Erinnerungen der fünfziger Jahre zu erzählen, in ein antikommunistisches Kind verwandeln?

Ich höre die warnenden und entrüsteten Stimmen, man könne die Zeiten nicht miteinander vergleichen, und kein Verbrechen wiege so schwer wie das des deutschen Nationalsozialismus. Es wird sich in den nächsten Jahren und Jahrzehnten erweisen, was sich miteinander vergleichen lässt und welchen Sinn es ergibt, die Millionen Toten des Nationalsozialismus gegen die Millionen Toten des Stalinismus abzuwägen. In diesem Jahrhundert wüteten zwei barbarische Regime in Europa. Nicht selten wurden die Opfer des einen zu den Tätern des anderen. Der Stalinismus in der DDR war weniger mörderisch als der in der Sowjetunion, aber er war seines Geistes. Es lag an den geographischen und politischen Bedingungen der DDR und nicht an der Gesinnung ihrer Herrscher, wenn der deutsche Stalinismus einen Schein wahrte, dem er bis heute die Nachrede verdankt, er sei unblutig gewesen.

Dass ich 1945 nicht achtzehn war wie Martin Walser, sondern erst vier, dass ich im Gegensatz zu ihm aus einem antifaschistischen Hause kam, hat mir sowenig wie Walser erspart, im Keller der Eltern nach Leichen zu suchen.

Als ich eine kommunistische Zukunft für so natürlich

und wünschenswert hielt wie den täglichen Sonnenaufgang, sperrten Kommunisten ihre sozialdemokratischen Genossen, mit denen sie gemeinsam in Hitlers Konzentrationslagern gesessen hatten, in die eigenen Zuchthäuser; verboten sie Kunstwerke als dekadent, die von den Nazis als entartet verfemt worden waren; verweigerten sie Christen die höheren Schulen; verurteilten sie Menschen für einen politischen Witz zu jahrelangem Gefängnis; organisierten sie ein landesweites Spitzelnetz. Auf unbegreifliche Weise ahmten sie ihre Peiniger nach, bis in die Fackelzüge und Uniformen.

Zur gleichen Zeit wuchs ich auf in einer Gruppe kommunistischer Frauen, die mich im Sinne ihres Menschenbildes erzogen: zur Aufrichtigkeit, zu sozialem Verhalten und Mut zum Widerstand. Ihre Leben bürgten für ihre Glaubwürdigkeit. Sie kamen aus dem Gefängnis, aus der Emigration, sie hatten im Untergrund gekämpft. Sie waren Antifaschisten und Kommunisten.

Warum sie hinnahmen, was auch in ihrem Namen geschah, warum sie mittaten in einer Wirklichkeit, die mit ihrem Ideal nur den Namen gemeinsam hatte, erscheint mir, je länger ich darüber nachdenke, als eine Frage nach der menschlichen Natur schlechthin und somit als unbeantwortbar.

Ich kannte ein Ehepaar, das vor dem Nationalsozialismus in die Sowjetunion emigrierte und dort den einzigen Sohn verlor. Erst nach Chruschtschows Enthüllungen über Stalins Terror im Jahre 1956 gestanden die beiden, dass auch ihr Sohn ein Opfer Stalins geworden war. Ich kannte sie gut genug, um zu wissen, dass sie nicht aus Feigheit geschwiegen hatten. Sie hatten ihr Ideal schützen wollen vor Verleumdungen, die nicht schlimmer hätten sein können, als die Wahrheit es war. Der furchtbare Irrtum, das Bekanntwerden der Untat schade der Idee mehr als die Untat selbst.

Die Idee des Kommunismus hatte zu viele Opfer gekostet, als dass man sich mit ihrem Scheitern hätte abfinden können. Der Tod von Hunderttausenden musste nachträglich mit Sinn erfüllt werden durch den Sieg der Idee. Die Lebenden wurden den Toten geopfert im Namen einer idealen Zukunft. So entzog sich die neue Ordnung dem Zwang, ihre Gegenwart zu legitimieren.

Es war das Jahr 1956, in dem Pawels und Josefas Kinder füreinander starben, nachdem sie den Faschismus und den Krieg überlebt hatten.

Nachdem Stalins Verbrechen offenbar waren, verließ Paul die Partei. Die Schwestern fanden sich mit dem, was geschehen war, ab. Sie verdrängten das ungeheure Ausmaß der Verbrechen, sie rechtfertigten den Ursprung der Grausamkeiten, sie retteten ihren Glauben an die Idee.

Paul starb 1982 in Berlin-Neukölln. Marta starb

1983 in Berlin-Pankow. Sie haben sich nie wiedergesehen. Hella verstand erst durch den Tod der anderen die Tragik ihrer Entscheidung von 1956.

1953 wurden wir, Hella, Marta und ich, aus Polen zu Deutschen. Es war ein simpler bürokratischer Vorgang, der mir erst mitgeteilt wurde, nachdem er vollzogen war. Ich wäre damals lieber Polin geblieben, obwohl dieser Umstand nur in meinem Bewusstsein von Bedeutung war. Wir sprachen nicht Polnisch, ich hatte Polen nie gesehen, ich besaß nur zwei Briefe aus einem kleinen Dorf bei Lodz an »die liebe kleine Monika von ihren Großeltern«.

Da ich von Kommunisten erzogen wurde, blieb es mir erspart, das Wort »deutsch« als Schimpfwort zu erlernen. Die Schimpfworte hießen: Nazi, Faschist, Kapitalist. Nicht das deutsche Volk hatte die Kriegsverbrechen begangen, sondern der deutsche Imperialismus. Und den gab es nicht mehr in dem Teil Deutschlands, in dem ich lebte.

Trotzdem bot mir meine polnische Abstammung eine sichere Distanz zu der unheimlichen deutschen Geschichte, als deren Erbe ich mich nicht fühlte. Wenn ich versuche, mich zu erinnern, was ich als Kind mit dem Wort Deutschland verband, fallt mir die Düsternis deutscher Märchen ein, die Schwermut deutscher Lieder, ein grausames dunkles Früher, das Mittelalter hieß.

Die Gegenwart hieß niemals Deutschland. Sie hieß Sozialismus und Kapitalismus, Bundesrepublik und Deutsche Demokratische Republik, Ost-Berlin und West-Berlin. Meine eigene erfahrbare Gegenwart trug die Namen von Menschen und Straßen. Dass es deutsche Namen waren, gehörte zu den Selbstverständlichkeiten des Lebens.

Als 1968 die Studentenrevolte den einen Teil Deutschlands veränderte, hoffte die Jugend im anderen Teil auf den Prager Frühling, auf einen Sozialismus mit menschlichem Antlitz. Während die einen von ihren Eltern Antworten auf Auschwitz und Buchenwald verlangten, waren für uns die Fragen nach dem Archipel Gulag und nach Bautzen schon hinzugekommen. Die Antworten haben wir selbst finden müssen.

Spreche ich wirklich von Deutschland, wenn ich von Deutschland spreche?

Pawels und Josefas Kinder haben sich nicht an Deutschland geschieden, sondern an dem Gewicht, das sie einer Idee zumaßen gegenüber der Wirklichkeit. Sie haben sich geschieden an einem Gleichnis wie: Wo gehobelt wird, fallen Späne; oder an dem Satz: Manchmal muss man die Menschen zu ihrem Glück zwingen.

Wo immer ich höre, dass einer weiß, was der anderen Menschen Glück ist; wo immer ich lese, dass jemand im Namen einer Idee über Millionen Menschen verfügt, und sei es nur in Gedanken; wo immer ich sehe, dass einer alten Ideologie frische Schminke aufgelegt wird, um ihren Tod zu maskieren, packt mich das Entsetzen. Und eine jahrzehntealte Wut.

Deutschland wurde mir aus einem historischen Abstraktum zur wahrnehmbaren Gegenwart an einem Tag im Oktober 1983. Zum ersten Mal ausgestattet mit einem Pass, der mich zum Verlassen der DDR in westlicher Richtung berechtigte, fuhr ich mit dem Zug von Frankfurt nach Wuppertal. Ich hatte Kopfschmerzen, eine Folge der Buchmesse, und wartete mit geschlossenen Augen auf die Wirkung einer Tablette. Nach ungefähr einer Stunde öffnete ich die Augen und sah etwas, das mich zu dem törichten Ausruf: Was ist denn das?, hinriss. Und jemand im Zug sagte: Das ist der Rhein.

Schwer und patriarchalisch floss er zwischen den Weinbergen, als müsste er sie gewaltsam voneinander fernhalten. Unter der Herbstsonne lag er vor mir wie die Landschaft aus einem uralten Märchen, das ich wieder und wieder gelesen hatte, bis ich es auswendig wusste. Es mochte an meiner Liebe zu Heine liegen, dass dieses eine Bild mir eine Fülle anderer barg, dass es nur die letzte fehlende Ergänzung war, deren es bedurfte, um mich Deutschland zum ersten Mal nicht als ein Ungetüm oder einen historischen Unfall, sondern als eine Landschaft verstehen zu lassen.

Ich habe das Erlebnis lange verschwiegen. Ich misstraute meinem Gefühl, verdächtigte mich eines plötzlichen Hangs zu Blut und Boden und einer Heimatduselei, die mir immer fremd gewesen war. Und selbst im Falle der Echtheit des Gefühls musste ich mich fragen, ob es denn überhaupt erlaubt war. Inzwischen bin ich die Strecke oft gefahren und habe mein verdächtiges Gefühl zu dulden gelernt. Ich begann die Frage zuzulassen, ob es nicht doch eine Gegenwart gibt, die Deutschland heißt.

War nicht mein eigenes Leben, zerrissen zwischen dem Wohnort im Osten und der Berufsausübung ausschließlich im Westen, zu einem Leben in Deutschland geworden?

Waren die Menschen, vor denen ich in ostdeutschen Kirchen und westdeutschen Buchhandlungen las, einander nicht ähnlicher, als sie es glaubten und sogar als ihnen lieb war? Ihre Eltern oder Großeltern waren noch in einem Deutschland aufgewachsen, in dem Osten und Westen nicht mehr bedeutete als Norden und Süden. Sie waren nach den gleichen Maximen erzogen worden, sie sangen die gleichen Weihnachtslieder. Und wer die Schrebergärten seitlich der S-Bahn-Böschungen in Ost und West miteinander vergleicht, wirft einen Blick in die gesamtdeutsche Seele, der jede politische Geographie vergessen lässt. Auch die Neigung, das bedrohlich Fremde auf ein erträgliches Maß zu ducken, indem man ihm den festen Glauben an die eigene Überlegenheit entgegensetzt, fand ich auf beiden Seiten. Galt sie hier den Türken, so dort den Polen. Und nährten die Westdeutschen ihren Stolz auf das deutsche Wirtschaftswunder, suchten die Ostdeutschen Trost in der Gewissheit, dass ihre Wirtschaft nicht ganz so zerrüttet war wie die aller anderen Staaten, mit denen sie das Schicksal des Stalinismus teilten.

Ich hörte einmal von Zwillingsbrüdern, die in der frühen Kindheit getrennt wurden und sich auch später nie wiedergesehen haben. Als Erwachsene wurden sie von Zwillingsforschern aufgestöbert. Einer der Brüder hatte es zu Reichtum gebracht, der andere lebte in bescheidenen Verhältnissen. Ihre Kinder trugen die gleichen Namen, wie die Brüder überhaupt, soweit ihre Leben sich vergleichen ließen, vieles ähnlich entschieden hatten. Sogar gleiche, einen Baum umschließende Gartenbänke schmückten ihre Gärten. Nur war die Bank des reichen Bruders kunstvoll und in einem guten Geschäft gekauft, die des armen Bruders dagegen grob und von ihm selbst gezimmert.

Nicht selten, während ich hin- und herreiste zwischen Deutschland Ost und Deutschland West, fiel mir diese Geschichte ein. Und oft genug verwunderte mich, wie wenig der eine Zwilling bereit war, sich im anderen zu erkennen.

Es war die Erfahrung mit seinen beiden Teilen, die mir Deutschland zum Problem werden ließ. Es lag an der Ohnmacht der Ostdeutschen, die, nach dem Krieg der stalinistischen Sowjetunion zugeschlagen, dumpf verharrten in ihrer Wehrlosigkeit und Selbstverachtung; es lag an der Selbstgerechtigkeit der Westdeutschen, die ich zu spüren und zu hören glaubte, an ihrer Verachtung der armen, feigen, unwürdigen Verwandten, dass ich mich zu fragen begann, warum sie eigentlich nicht dankbar waren, dass dieser kleinere Teil des Volkes auch ihren Anteil der Schuld aus einer gemeinsamen Vergangenheit bezahlte. Warum sie ihr eigenes Wohlergehen nur noch als eine gerechte Folge ihrer ehrlichen Arbeit ansahen, nicht aber auch als einen geographischen Glücksfall. Läge Schwaben an der Oder, läge Leipzig am Rhein ... Dann hießen die Schlagzeilen in den Zeitungen heute vielleicht: Wieder hunderttausend Demonstranten in Stuttgart.

Während mein Leben geteilt war zwischen der Arbeit im Westen und dem Wohnen im Osten, verlernte ich zu verstehen, warum die beiden Teile Deutschlands nicht zusammengehören.

Im vergangenen Jahr kam nach einer Lesung in Berlin eine Frau auf mich zu und sagte, sie sei Sylvia.

Ich überlegte, ob ich die Frau kennen müsste, bis sie sagte: Ich bin Sylvia Iglarz.

Meine kleine, meine einzige Kusine Sylvia, Pauls Tochter, die ich gekannt hatte, bis sie sechs war und ich vierzehn. Als Josefas und Pawels Kinder sich über den Tod hinaus entzweiten, zogen sie uns mit, jeder in seine Richtung, der eine nach Berlin-Neukölln, die andere nach Berlin-Pankow. Wir kennen uns nun wieder, Sylvia und ich.

Am ersten Abend unserer wiederbelebten Verwandtschaft erzählte Sylvia, sie habe sich immer für meine Bücher interessiert, besonders dafür, was ich über unseren Großvater geschrieben habe. An diesem Satz begriff ich, wie tief ich Sylvia seit meiner Kindheit vergessen hatte. Nie war mir in den Sinn gekommen, dass auf diesen Großvater, den ich mir als Kind zum alleinigen Ahnen erkoren hatte, jemand Anspruch erheben konnte außer mir. Sylvia sagte zu meinem Großvater: unser Großvater, und ich gestehe, einen Augenblick gezögert zu haben, ehe ich ihr dieses Recht zugestand. Es war unser Großvater, und es war unsere Familiengeschichte.

Während ich diese Rede schrieb, wandelte sich der Gegenstand meines Nachdenkens in einer Geschwindigkeit, die jede Prognose zu Makulatur werden ließ. Das Wunderbare aber, woran man kaum noch zu glauben wagte, war der Wandel einer deprimierten, klagenden Masse von Menschen in ein entschlossenes Volk. Freunde, die ich seit meiner Jugend kannte, mit denen ich zwanzig Jahre lang die gleichen konjunktivischen Gespräche geführt hatte: Man müsste, man würde, wenn es so käme, dann aber …, deren Verzagtheit wuchs mit der schrumpfenden Hoffnung, in ihrem kürzer werdenden Leben noch Zeugen und Mitgestalter eines Aufbruchs zu werden, diese Freunde erinnerten plötzlich an ihre eigenen Jugendbilder. Mit ihrem Mut fanden sie wieder, woran es diesem Land bis zur Psychose mangelt: die Lust zu leben.

Kein Wort, kein Satz, der zu diesem Thema nicht gesagt worden wäre, zu »Deutschland«. Es bleibt mir nur, von dem Glück zu sprechen, das ich empfand, als ich am 4. November inmitten der anderen durch Berlin zog, als wir endlich taten, wovon wir lange geträumt hatten: auf die Straße gehen und laut fordern, was wir wollten. Fünf Tage später öffneten sich die Tore in der Mauer.

Es hatte des einen schmalen Auswegs über Ungarn bedurft, um Volk und Obrigkeit die Rollen tauschen zu lassen und der Regierung – zum ersten Mal seit dem Bau der Mauer – die Rolle des Ohnmächtigen zuzuweisen. Wir sollten nicht vergessen, dass der Wagemut der Flüchtlinge und der ungarischen Regierung den Ausschlag gaben für alles, was danach geschah.

Endlich also haben die Deutschen es geschafft, höre und lese ich jetzt überall, endlich ist den Deutschen ihre Revolution gelungen. 1848 mussten sie sich mit dem Ruf »Hut ab« vor den Toren begnügen. 1918 verjagten sie den Kaiser und sonst keinen. Und diesmal, haben die Deutschen es diesmal geschafft? Ist das Auswechseln der Oberhäupter gegen ihre Stellvertreter, ist die späte Zurücknahme der Mauer, ist die neue Rede alter Parteien schon die siegreiche Revolution? Oder ist es wieder nur ein Beginn?

Ich wünsche mir, dass das Volk in der DDR, das sich während der letzten Monate über seine eigene Macht so nachdrücklich belehrt hat, die Schmerzen und die Schande des gebeugten Gangs nicht vergisst und nicht das erlösende Gefühl, den Rücken endlich zu strecken und den Blick zu heben. Es sollte niemandem gestatten, sich dieses Augenblicks zu bemächtigen. Nicht den Wölfen, die Kreide gefressen haben; nicht den Kalten Kriegern der Vergangenheit, die jetzt ihren späten Triumph feiern wollen; nicht der westdeutschen Linken mit ihrer späten Trauer um die Utopie DDR, die sie sich nur durch vorsätzliche Blindheit und Taubheit hat bewahren können. Und es sollte sich wehren gegen die neuen Ideologen aus den eigenen Reihen, die schon wieder bereit sind, dem Volk politische und geistige Unreife zu bescheinigen.

Ich wünsche mir, dass die Leipziger, Dresdener,

Ost-Berliner und Plauener das schöne Bild, das sie selbst gerade von sich geschaffen und der Welt gezeigt haben, nicht vergessen hinter ihren Spiegelbildern, die sie in den Schaufenstern der Banken und Warenhäuser finden, während sie nach dem Begrüßungsgeld und den Bananen anstehen.

1982 entschloss sich Hella, nachdem wir uns ein Jahr nicht gesehen hatten, den Kontakt zu mir wiederaufzunehmen und die Gebote ihrer Partei unserer Beziehung unterzuordnen. Der Anspruch, ihrer Idee treu zu bleiben, auch mit der Konsequenz, die eigene Tochter zu verlieren, hatte sie krank werden lassen. Vielleicht war es diese Erfahrung mit der zerstörerischen Anmaßung einer Ideologie, die sie zwang, ihre politische Überzeugung, die sie von Pawel gelernt und der sie mit Josefas Frömmigkeit ihr Leben lang angehangen hatte, in Frage zu stellen.

Als die Demonstranten in der DDR die Reformen erzwangen, fühlte sie sich mit ihnen verbunden durch die Erinnerung an ihre eigenen Kämpfe während der Weimarer Republik, und sie wusste zugleich, dass es auch ihr Lebenswerk war, das auf den Straßen bekämpft wurde und dessen Bestand sie selbst nicht mehr wünschte.

Es bleibt die Frage, wie eine Idee, die zum Glück aller erdacht war, sich in das Unglück aller, selbst ihrer treuesten Anhänger verkehren konnte.

Halle im Frühjahr 1990

Es bleibt die Frage, warum Menschen, die in ihrer Jugend gegen Ungerechtigkeit und Unterdrückung gekämpft und ihr Leben dafür eingesetzt haben, in Jahrzehnten unangefochtener Macht ihr eigenes Volk mit den Mitteln von Gangstern betrogen und beherrschten. Und andere es duldeten.

Sie wisse nun nicht mehr, wo sie stehe, sagt Hella, wahrscheinlich zum ersten Mal in ihrem Leben. Geblieben sei ihr ein Abscheu vor jeder Ideologie, sagt sie, und das Wort Zukunft sei ihr inhaltslos geworden. Und dann, zweifelnd und hoffend: Aber irgendeinen Sozialismus müsste es doch geben, nicht diesen, diesen bestimmt nicht, aber einen. Was sollte ich ihr darauf antworten?

(1989)

Warum bin ich selbst gegangen?

Sie haben mehr zu essen als die Polen, mehr Geld als die Ungarn, sie leben unvergleichlich besser als die Russen, Ukrainer, Usbeken.

Trotzdem stürzen sie mit selbstgebastelten Ballons mitten in die Städte, durchschwimmen die eiskalte Elbe, riskieren den Grenzdurchbruch nach Österreich, besetzen die bundesdeutschen Botschaften. Die deutsche Ordnung gilt nichts mehr, wenn DDR-Bürger sich vor den wenigen kleinen Löchern in der Mauer drängen. Und westdeutscher Politiker mahnende Worte, die Leute mögen abwarten, bis sie an der Reihe sind, und nicht die Chancen der Geduldigeren mindern, wirken vermessen oder albern.

Warum gehen sie? Warum bin ich selbst gegangen?

Ich weiß, dass ich mir vor meinem Umzug nach Hamburg die Frage so nicht mehr gestellt habe. Unversehens, im jahrelangen Nachdenken über Gehen und Bleiben, wenn immer wieder einmal eine Ost-Berliner Telefonnummer durch eine West-Berliner zu ersetzen war, wandelte sich die Frage »Warum soll ich gehen?« in »Warum soll ich bleiben, warum bin ich denn noch hier?«

Wenn das Vorausgesetzte einmal in Frage gestellt ist, fällt es schwer, eine Antwort zu finden. Die Polen können sagen, sie bleiben, weil sie Polen sind; die Ungarn, weil sie Ungarn sind. Was sagen die DDR-Bürger? Sie bleiben, weil sie zufällig östlich der Elbe geboren sind, in dem Teil Deutschlands, der einzig verurteilt wurde, den Krieg zu büßen, inzwischen in der dritten Generation?

Sollen sie bleiben, weil sie auf eine Veränderung hoffen? Solange man die Sowjetunion verantwortlich machen konnte für die Innenpolitik der DDR, ließ sich die eigene Identität vielleicht noch vage als Opfer einer Fremdherrschaft bestimmen. Eine Form des Widerstands bestand darin, in der Schule kaum Russisch zu lernen.

Aber jetzt, da man bedauert, nicht Russisch zu können, da die einzige Hoffnung einen russischen Namen trägt, verstehen sie, dass sie es mit der eigenen Regierung zu tun haben, und nur mit der. Mit einer Regierung, die sie in aller Weltöffentlichkeit blamiert, indem sie Freundschaft mit der Regierung Chinas zelebriert, die gerade Tausende Jugendlicher zusammenschießen ließ, oder mit Rumäniens Herrscher Ceauşescu, der sein Volk in feudaler Manier in Hunger und Kälte vegetieren lässt.

Der erste zaghafte Versuch der DDR-Bevölkerung, ihren Unmut in Wahlen kundzutun, wurde durch einen rüden Wahlbetrug beantwortet. Diese Regierung, das weiß man, ist nicht fähig und nicht willens, mit dem Volk, über das zu verfügen sie sich anmaßt, einen Konsens über die gemeinsame Zukunft zu suchen. Wer das vorher nicht gewusst hat, weiß es jetzt, nach den Reformen in der Sowjetunion, in Ungarn und Polen.

Die Zahl derer, die in den letzten Jahren Ausreiseanträge gestellt haben, ist ständig gewachsen, auch die Ständige Vertretung in Ost-Berlin wurde schon früher besetzt. Neu ist nur der Fluchtweg über Ungarn. Und damit ist die Frage hiesiger Politiker und Medien: Warum gerade jetzt?, auch schon beantwortet: weil es jetzt möglich ist, ohne sich vorher der Willkür der Behörden für eine ungewisse Zeit auszuliefern.

Die ungarisch-österreichische Grenze ist das erste wirkliche Loch in der Mauer, seit es sie gibt. Und wer jetzt so tut, als sei die DDR-Bevölkerung plötzlich in eine kollektive Fluchthysterie verfallen, der hat vergessen, dass die Mauer gegen die Massenflucht gen Westen gebaut wurde, vor achtundzwanzig Jahren. Heute ziehen die Kinder derer, die damals eingemauert wurden, den Träumen ihrer Eltern hinterher.

Träume, die nie an der Realität überprüft werden können, führen ein Eigenleben. Diffus und verlockend schimmern sie hinter jedem Verdruss als Ausweg und Verheißung.

Ein junger Mann, auf der Busfahrt nach Wien befragt, wie er sich nun, nach seiner Flucht fühle, sagte, er sei stolz. Kaum eine Aussage ankommender Flüchtlinge war für mich so nachvollziehbar wie diese: Er hat etwas gewagt, und er hat das auch gekonnt. Vielleicht war das die erste wirkliche Entscheidung, die er in seinem Leben fällen konnte. Eine Lehrstelle wurde ihm zugeteilt, eine Wohnung wurde ihm zugeteilt oder auch nicht. Wenn er wählen ging, gab es nichts zu wählen, sein Lebensplan unterlag seit jeher staatlicher Verfügungsmacht, der er sich durch das Weggehen ein für alle Mal entzogen hat. Das Gehen selbst wird, als demonstrativer Akt der Selbstbestimmung, zur lohnenden Tat.

Fast in jeder Antwort auf die Frage nach den Motiven der Übersiedlung wird das Reiseverbot erwähnt, von den vielgereisten Bundesdeutschen zuweilen überlegen belächelt, weil sie längst wissen, dass im Reisen nicht das ganze Glück liegt. Wahrscheinlich liegt es da wirklich nicht, aber eine Bundesrepublik, deren Bürger nichts anderes gesehen hätten als Bayern und das geputzte Schwabenland, wäre mir ein Albtraum. Dass man inzwischen in allen Groß- und sogar Kleinstädten ein bisschen von Italien, Spanien oder Amerika finden kann, beweist, dass weltläufige Bürger auch ihr eigenes Land verändern.

Welterfahrene DDR-Bürger hätten die DDR schon

früher als das erkannt, was sie ist: ein Land mit einer maroden Wirtschaft, mit verwahrlosten öffentlichen Umgangsformen, mit Städten, deren Altbauviertel den Slums amerikanischer Städte immer ähnlicher werden, und mit einer Verlogenheit in den öffentlichen Verlautbarungen, die den Grat zur Lächerlichkeit längst überschritten hat.

Schon die kleinen, gnädig genehmigten Verwandtenbesuche in die Bundesrepublik haben vielen DDR-Bürgern den Anachronismus ihrer eigenen Existenz schmerzhaft bewusstgemacht. Sie werden sich der Bedürftigkeit geschämt haben, in der ihr Staat sie zu reisen zwingt, aber auch ihrer eigenen Angst oder Feigheit, die sie ihr Wahlgesetz, ihre Presse, ihr Streik- und Demonstrationsverbot hinnehmen ließ. Wieder zu Hause in Leipzig oder Neubrandenburg, werden sie trotzdem nicht wissen, wie sie die Verhältnisse verändern können.

Ein Arbeiter, der seinen Onkel in Köln besuchen durfte, saß nach seiner Rückkehr kopfschüttelnd im Familienkreis und fragte sich und alle Anwesenden: »Was haben wir bloß getan, warum sind wir so gestraft? Haben den Krieg denn nicht alle Deutschen verloren?«

Mehr als die Frage, warum die DDR-Bürger nicht in der DDR bleiben wollen, bewegt mich, warum die Bundesbürger samt ihrer Regierung sich diese Frage stellen. Was bedeutet es, wenn Jürgen Engert in der ARD-Sendung »Im Brennpunkt« einen Achtzehnjährigen so lange mit Fragen bedrängt, bis er endlich resümieren kann, dass es wirtschaftliche Gründe waren, die den jungen Mann zur Flucht bewogen haben. Als wäre das kein akzeptabler Grund in einem Staat, dessen Nachrichten zur Hälfte aus Wirtschaftsnachrichten bestehen, in dem die Auseinandersetzungen um die Gesundheitsreform, die Quellensteuer, die Postgebühren mehr als die Hälfte der öffentlichen Diskussion ausmachen und ja auch durchaus legitime Ansprüche benennen, die Herr Engert nie und nirgends diffamieren würde.

Ein DDR-Flüchtling aber, der sagt, dass er von der vielen Arbeit, die er in seinem Leben zu leisten haben wird, ein adäquates Leben führen möchte, ein Leben, das die Bundesdeutschen seit Jahrzehnten führen, bleibt in dem Verdacht niederer Beweggründe vor dem Publikum sitzen. Warum sollte ein Achtzehnjähriger davon träumen, jeder Dichtung für einen Wasserhahn hinterherzulaufen oder ein Auto, das er heute bestellt, als Sechsunddreißigjähriger zu bekommen, wenn die Wartezeiten sich bis dahin nicht verlängert haben? Warum sollte er sich nichts anderes wünschen als eine Reise nach Rumänien oder in den Harz?

Warum glauben die Westdeutschen plötzlich, dass sie für das politische Schicksal der Ostdeutschen nicht zuständig sind? Haben sie bislang nicht selbst die Legitimität der DDR-Regierung bezweifelt, jener Regierung, an die sie jetzt die Botschaftsbesetzer am liebsten verweisen möchten? Warum beschwören sie gerade jetzt, da die Bevölkerung aus ihrer Lethargie erwacht, Ruhe und Besonnenheit? Warum warnen sie sorgenvoll vor den Gefahren eines Grenzübertritts in Ungarn, wenn doch ein Grenzübertritt noch nie so ungefährlich war wie dieser?

Ich befürchte, es ist einfach: So wenig wie die Türken, Tamilen und Wolgadeutschen will man die armen Verwandten haben, auch wenn sie nur darum arm sind, weil sie die Schuld der ganzen Familie allein getragen haben. Es ist den Westdeutschen erspart geblieben, die Nachkriegsgeschichte der Ostdeutschen zu teilen. Die Aussicht, nun ihren Wohlstand mit ihnen teilen zu müssen, versetzt sie in Schrecken.

Dabei wäre es nur gerecht, wenn auch die Westdeutschen von ihrer, von unser aller Geschichte, aus der sie sich so folgenlos davonstehlen durften, noch eingeholt würden.

(1989)

Helmut Kohl auf einer Wahlveranstaltung der CDU
in Karl-Marx-Stadt (Chemnitz)

Das neue Elend der Intellektuellen

In eine Predigt gehören gültige Sätze. Eine Kirche beherbergt den Anspruch auf Ewigkeit. Aber ich habe dem Sog der Aktualität nicht widerstehen können und bin ihr Opfer geworden.

Als ich diesen Text zu schreiben begann, war der Zwiespalt, den ich mir zum Thema gewählt hatte, zwar offenbar, aber er war kaum ein Gegenstand der öffentlichen Diskussion. Aber – ich hätte es wissen müssen – die Zeit zählt anders in dieser Zeit. Inzwischen ist die Rolle einiger bedeutender Schriftsteller und eines Teils der linken Intellektuellen in Ost und West zum Thema der großen Feuilletons avanciert, und ich finde mich auf der Seite derer, als deren Partei ich mich bislang nicht verstanden habe. Oder anders: Ich teile nicht die Meinung von Menschen, als deren Verbündete ich mich bisher ansah.

Als Günter Grass 1980 für ein offenes Bekenntnis zu Solidarność eintrat; als er später das deutsch-deutsche Kulturabkommen ablehnte, weil er darin die Verständigung der Kulturbürokraten auf beiden Seiten erkannte; als er den Schriftstellerverband verließ, weil er die autoritäre Machtpolitik der Gewerkschaft nicht hinnehmen wollte, war ich froh, meine eigenen Ansichten auch durch ihn vertreten zu wissen. Diesmal, im Streit um die deutsche Einheit und den utopischen Gehalt der Zweistaatlichkeit, teile ich seine Meinung nicht, nicht einmal so weit, dass ich sie als Widerstand gegen Trends und nationalen Überschwang für tauglich befände.

Lieber wüsste ich mich mit Grass, Delius und Heym einig als mit einer Mehrheit, der ich mich bisher so wenig verpflichtet gefühlt habe wie dem Diktat von Sachzwängen. Warum es in der Auseinandersetzung um die Zukunft der DDR, die ich nur als eine Diskussion um die Zukunft der Menschen in der DDR führen kann, anders ist, will ich versuchen zu begründen. Auch wenn der Ton polemisch ist, auch wenn das Thema und die ständig sich selbst überholende Zeit Zuspitzungen nicht vermeiden lassen, bleibt es für mich ein Streit mit Gleichgesinnten, eben nur nicht in dieser Sache.

Vor drei Monaten verkündeten die Deutschen dem Rest der Welt ihren Sieg über die eigene Geschichte und fügten dem Bild vom verkrachten deutschen Revolutionär das vom siegreichen hinzu. Beseelt vom Sieg über Mauer und Staatssicherheit, stolz auf die Disziplin und Gewaltlosigkeit, mit denen dieser Sieg errungen wurde, fragten sie sich, warum sie nicht schon früher siegreiche Revolutionen veranstaltet hatten, wenn es doch so einfach war.

Die deutschen Dichter der DDR, bewegt von der Gewalt des Satzes »Wir sind das Volk«, lobten emphatisch das Volk der DDR für die ersten Schritte im aufrechten Gang und rieben sich dabei verschämt das eigene verbogene Rückgrat. Und statt sich, wie aus früheren Zeiten kolportiert, eine Bahnsteigkarte zu kaufen, um den Bahnhof revolutionär und gesetzestreu zu erobern, rief man diesmal die Staatsanwälte mit Eimern voller Siegellack, um Akten und unrechtmäßig erworbene Tiefkühltruhen zu sichern.

Die Stellvertreter der besiegten Machthaber traten mit Reue über ihre jahrzehntelange Mitschuld in den Augen vor die Kameras und setzten ihre reuelosen Hintern in die frei gewordenen Sessel. Und während das Volk durch die geöffneten Tore gen Westen pilgerte, fanden die deutschen Dichter nicht hinunter vom Podium, von wo aus sie in ihre anerkennenden Worte für das Volk schon die Verheißung der nächsten wunderbaren Zukunft mischten.

Das Volk aber, sofern es von seinen Ausflügen zurückkehrte, erkannte seine Lage und änderte kurzerhand ein Wort in dem Satz, der den Dichtern die Tränen der Rührung in die Augen getrieben hatte. »Wir sind ein Volk«, rief das Volk nun, worauf es von den Dichtern nicht mehr gelobt wurde. Stattdessen schrieb Stefan Heym, in den glücklichen Tagen um den 9. November als »Nestor der oppositionellen Bewegung« bezeichnet, im *Spiegel*:

»Danach, Aschermittwoch. Aus dem Volk, das nach Jahrzehnten Unterwürfigkeit und Flucht sich aufgerafft und sein Schicksal in die eigenen Hände genommen hatte und das soeben noch edlen Blicks einer verheißungsvollen Zukunft zuzustreben schien, wurde eine Horde von Wütigen, die, Rücken an Bauch gedrängt, Hertie und Bilka zustrebten auf der Jagd nach dem glitzernden Tinnef. Welche Gesichter, da sie mit kannibalischer Lust in den Grabbeltischen von westlichen Krämern, ihnen absichtsvoll in den Weg placiert, wühlten; und welch geduldige Demut vorher, da sie, ordentlich und folgsam, wie's ihnen beigebracht worden war zu Hause, Schlange standen um das Almosen, das mit List und Tücke Begrüßungsgeld geheißen war von den Strategen des Kalten Krieges.«

Der *Spiegel* bezahlt für einen Essay wenigstens 3000 Mark. Der zitierte war der dritte von Heym innerhalb weniger Wochen.

Ich sage das nicht, um Autoren zu denunzieren. Auch ich verdiene das Geld durchs Schreiben. Heym denunziert sich in diesen Sätzen selbst, indem er seinen idealistischen Anspruch als das erkennen lässt, was er ist: die Arroganz des Satten, der sich vor den Tischmanieren eines Ausgehungerten ekelt. Wäre Heym ein Einzelfall, könnte ich diese Entgleisung ertragen und darüber schweigen. Aber er ist kein Einzelfall. Er wagt in seinem patriarchalischen Selbstverständnis und geschützt durch seine achtenswerte Biographie nur einen besonders harschen Ton.

Diesmal ist nicht die Regierung vom Volk enttäuscht, diesmal sind es die Dichter. Kaum ist der heroische Akt der Revolution vorbei, müssen sie feststellen, dass das Volk für die falschen, weil nicht ihre, der Dichter Ziele, auf die Straße gegangen ist.

Was die Dichter – und mit ihnen viele Intellektuelle – wollten, teilten sie der Öffentlichkeit in ihrem erschrockenen Aufruf »Für unser Land« mit. Unter der Überschrift »Entweder – oder« riefen sie den moralischen Notstand aus, der die DDR ihren ärgsten Feinden, der Deutschen Bank und Daimler-Benz, ausliefern würde, sollte sie ihre Eigenständigkeit und damit, scheinbar gesetzmäßig, ihre antifaschistischen und humanistischen Ideale nicht bewahren können.

Grob und schwülstig wurde der alte Teufel an die alte Wand gemalt. Um was zu retten? – Schon wieder einmal den Sozialismus, diesmal den wahren. Wer dabei nicht mittun wollte, gehörte zu den Ausverkäufern des Guten schlechthin um den Preis des Bösen schlechthin. Zum offenen Ausbruch der Feindseligkeiten zwischen den Befürwortern und den Gegnern der deutschen Einheit unter den Leipziger Demonstranten hat auch dieser Aufruf mit seiner einfältigen

Zweiteilung der Welt beigetragen. Auf Leipzigs Straßen vollzog sich im politischen Alltag, was die Dichter in ihren Proklamationen offenbarten: der Zwiespalt zwischen den Arbeitern und den Intellektuellen.

Die gegenseitige Verachtung hat in Deutschland Tradition. Und ich gestehe, bislang die Intellektuellenfeindlichkeit der deutschen Arbeiterschaft und ihrer patriarchalisch strukturierten Parteien für das größere Übel gehalten zu haben. Nachdem ich gehört und gelesen habe, welcher Verachtung gegenüber dem Volk die Schriftsteller fähig sind, frage ich mich, ob nicht der größere Teil der Verantwortung für die tragische Verständnislosigkeit schon immer bei ihnen lag.

Die Schriftsteller in der DDR waren eine besonders verwöhnte Gruppe ihres Berufsstandes. Damit meine ich weniger die von der Obrigkeit gewährten Privilegien als eine allgemeine Verehrung, die ihnen zuteil wurde, selbst von Menschen, zu deren Lebensgewohnheiten das Lesen von Büchern nicht gehörte.

Es brauchte nicht viel Mut, besonders nicht für die durch die Öffentlichkeit geschützten Autoren, um den Schein des Heldentums um sich zu entfachen. Und oft genügte eine halbe Wahrheit, um ihrem Verkünder in einer Umgebung dummer und dreister Verlogenheit den Ruf des Propheten zu verleihen.

Selbst wer der Zensur anheimfiel, wusste sich im andern Deutschland umso aufmerksamer gelesen und auch im eigenen Land genossen als die verbotene Frucht. Die Briefträgerin, der Wäschemann, die Bierzapferin hinter dem Tresen, selbst heimliche Grüße einer Lehrerin versicherten uns ihres Einverständnisses und ihrer Dankbarkeit, wenn wir im ZDF oder im RIAS Sätze gesagt hatten, von denen auch sie wünschten, dass sie ausgesprochen wurden.

Ich fand Blumen an meiner Wohnungstür und Pralinen unterm Fußabtreter mit ermutigenden Grüßen meiner heimlichen Leser.

Jeder Schriftsteller in der DDR, sofern er nicht ein Apologet und Nutznießer der stalinistischen Verhältnisse war, wurde getragen von der wahrheits- und heldensüchtigen, zuweilen bedrängenden Verehrung seiner Leser. Und wie fast jede lebenerhaltende Symbiose in diesem Land durch den Mangel gestiftet war, so auch die zwischen Lesern und Schreibern. In einem Staat, der den Mangel an bürgerlichen Freiheiten zur Doktrin erhebt, sammelt sich die verbotene Öffentlichkeit in den verbleibenden Rinnsalen der Kommunikation: in privaten Zirkeln, in den Kirchen, in der Kunst. Der konspirative Diskurs wird zu einer Form des Widerstands. Diese leidvollen Bedingungen bescherten den Schriftstellern und Künstlern der DDR ihre exklusive Bedeutung. Wie selbstverständlich wuchs ihnen das Recht, sogar die Pflicht zu, im Namen der zum Schweigen gezwungenen Mehrheit zu sprechen.

Inzwischen hat sich die Mehrheit das Recht, selbst zu sprechen, zurückerobert. Und jetzt, da die dünne Decke der Notgemeinschaft zerrissen ist, zeigt sich der tiefe Abgrund zwischen dem Volk und den Intellektuellen.

Drängen die einen auf eine schnelle und praktische Verbesserung ihres Lebens, kämpfen die anderen um den Erhalt ihrer Utopie, was an sich kein Unglück wäre, würde die Utopie der einen – und zwar nur um ihres Bestands willen – das bessere Leben der anderen nicht bewusst opfern und 16 Millionen Menschen auch für die Zukunft zum Objekt einer Idee degradieren.

Welche Zukunftsvisionen haben jene Literaten, die beschwörend vor dem Ausverkauf an den Kapitalismus warnen, obwohl sie wissen, dass der Ausverkauf seit Jahrzehnten stattgefunden hat. Antiquitäten und Kopfsteinpflaster, Waffen und Rinderfilets, Duplikate aus Museen und Bibliotheken, Häftlinge und Billiglohnkräfte, alles Verkäufliche wurde verkauft. Und mit ihm das Unverkäufliche: die Würde und Hoffnung der Menschen.

Welche Werte wollen sie erhalten wissen? Die solidarische Gemeinschaft, höre ich. – Wer hat die Bewohner von Espenhain verteidigt, damit sie unter ihrer giftigen Dunstglocke nicht zehn Jahre früher als andere sterben müssen?

Wer hat sich gemeinsam mit den vier gemaßregelten

Schülern der Carl-von-Ossietzky-Schule relegieren lassen? Oder haben nicht stattdessen dreißig andere Schüler ihre schon gegebene Unterschrift zurückgezogen? Welche Künstler haben öffentlich protestiert, als Bärbel Bohley, Freya Klier, Stephan Krawczyk und siebzig andere abgeschoben wurden?

Welche Solidarität soll verteidigt werden?

Und wie steht es um das antifaschistische Ideal, dessen Fortleben an die eigenstaatliche Existenz der DDR gebunden sein soll?

Über die DDR herrschte eine unkontrollierte Geheimpolizei; die DDR betrieb die Militarisierung des Staates bis in die Schulen und Kindergärten; in der DDR wurden Bücher, wenn nicht verbrannt, so doch verboten; nicht die Bundesrepublik war eine Diktatur, sondern die DDR; und nicht die Bundeswehr marschierte in ein anderes Land ein, sondern die Nationale Volksarmee der DDR schickte ihre Truppen 1968 nach Prag; nicht die Bundesmarine beschoss polnische Fischerboote an der deutsch-polnischen Grenze, sondern die Volksmarine der DDR.

Was treibt Menschen, deren Beruf das Denken ist, einen Staat mit dieser Geschichte, dazu mit einer ruinierten Wirtschaft und einer demoralisierten Bevölkerung, zum Hort der eigenen Utopie zu erklären? Und, was schwerer wiegt, woher nehmen sie das Recht, jene, die ihrer absurden Logik nicht folgen wollen, nationalistischer, sogar rechtsradikaler Motive zu verdächtigen?

Warum prophezeit der von mir verehrte Heiner Müller: »Erst heißt es: ›Wir sind das Volk‹, dann heißt es: ›Wir sind ein Volk‹, und danach heißt es: ›Du sollst kein Volk dulden neben mir‹«?

Die deutsche Geschichte berechtigt zu jedem Misstrauen, aber zur deutschen Geschichte gehört auch der Zwiespalt zwischen Intellektuellen und Volk. Denen, die nach einem vereinten Deutschland schreien als einziger Hoffnung auf ein besseres Leben vor ihrem Tode, den Mund zu verbieten mit dem Verweis auf die alte Schuld, an der auch der deutsche Geistesstand seinen Anteil hatte, hieße, die Geschichte zum Stillstand zwingen zu wollen. Das hieße wieder Diktatur im Namen einer Idee, wie die Androhung des nächsten sozialistischen Experiments befürchten lässt. Allein das Wort Experiment belegt den elitären Anspruch solcher Vision: der wiederholte Labortest an unfreiwilligen Versuchspersonen.

Unter dem Schock der deutschen Geschichte, beladen vom Selbsthass und Hass auf das schuldig gewordene Volk, war die Mehrzahl der linken Intellektuellen blind für die wirkliche Restauration der unseligen deutschen Verhältnisse und findet sich nun unversehens auf einer Seite, die sie noch immer für links hält und die längst im Nirgendwo liegt.

Die Revolution, deren Aufbruch sie noch bejubelt haben, ist an ihnen vorbeigezogen und hat sie verständnislos zurückgelassen. Diese Revolution war kein Aufbruch in die Utopie, sondern ein verzweifelter Sprung aus der Vergangenheit in die Gegenwart, aus einer autoritären kleinbürgerlich-feudalen Machtstruktur in eine offene bürgerliche Demokratie.

Die Klagen über das falsche Ergebnis der Revolution setzen die falsche Bewertung der eigentlichen Geschehnisse voraus, und zwar als eine Idealisierung dessen, was heute als Revolution bezeichnet wird und was als Massenflucht, und damit als endgültige Absage an alles, was sich mit der DDR verband, begann. Es fing an mit dem Ruf: Weg aus der DDR, und endete – über den Umweg des trotzigen Satzes: Wir bleiben hier – folgerichtig mit dem Urteil: Weg mit der DDR. Ein Begriff wie Revolution verführt offenbar dazu, die Ereignisse und Ziele zu heroisieren. Im Fall der Revolution in der DDR geschieht das, indem die Rolle der oppositionellen Gruppen, deren Ziel ein demokratischer Sozialismus war – nicht in ihrer moralischen Kraft und ihren organisatorischen Fähigkeiten, wohl aber in ihrer Präsenz überschätzt wird, die Macht aber, die von den flüchtenden und für das profane Ziel eines besseren Lebens demonstrierenden Massen ausging, unterschätzt.

Nur das führt zu der These, die Revolution hätte

ihre ersten Kinder schon gefressen. Die ersten Kinder der Revolution waren die Kinder derer, die später »Deutschland, einig Vaterland« gerufen haben. Die ersten Kinder der Revolution waren die Flüchtlinge.

Ein zweiter Irrtum ist nötig, um guten Gewissens eine eigenstaatliche oder relativ eigenstaatliche DDR zu wünschen, und von der westdeutschen Linken wird er bewahrt wie eine Kostbarkeit: der Irrtum, es existiere eine besondere DDR-Identität. Wenn sich etwas so Benennbares überhaupt artikuliert, dann als Angst: Angst vor der Marktwirtschaft, Angst vor Drogen und Aids, Angst vor Ausländern, Angst vor der Zukunft und dem Phantom der Freiheit. Die alte deutsche Angst vor allem, was Sicherheit und Ordnung bedrohen könnte. Wer ihr begegnen will, muss die Tore in der Mauer wieder schließen.

Günter Grass, befragt, was die DDR in eine wie immer geartete Zweisamkeit der beiden deutschen Staaten einbringen könne, sagte: »Etwas, das vielleicht jedem aufgefallen ist, der mehrmals in der DDR gewesen ist, etwas, das uns hier fehlt: ein langsameres Lebenstempo, entsprechend mehr Zeit für Gespräche. Eine interne Nischengesellschaft [...] ist da entstanden, etwas Biedermeierliches wie zu Metternichs Zeiten.«

Ich bin sicher, Grass hat das freundlicher gemeint, als es in meinen Ohren klingt. Für mich heißt das: ein bisschen zurückgeblieben, aber lieb, und es erinnert an den Satz von Günter Gaus: »In der DDR ist uns etwas gespart.« »Uns« heißt wohl: den Westdeutschen, und gespart wurde ihnen die Vergangenheit, zu besichtigen im Freilichtmuseum DDR. Grass fügt seinem Lob aufs Biedermeierliche hinzu, er wisse nicht, ob das »mit der Öffnung zur Straße und zur Demokratie nicht schon wieder vorbei« sei, weil er weiß, dass die Voraussetzung für das idyllische Detail die geschlossene Gesellschaft war. Dann aber hat die DDR nichts einzubringen. Dann gibt es nichts in ihr zu bewahren. Außer dem, was überall zu Hause sein kann: die Hoffnung auf die Stärke der Vernunft und der Kampf für soziale Gerechtigkeit und Demokratie, was manche Menschen noch Sozialismus nennen können, ich nicht.

Die Utopie lebt in den Köpfen. Mit der Macht gepaart, wird sie zur Diktatur. Sie ist das Maß für die Wirklichkeit, aber sie kann die Wirklichkeit nicht sein.

Ich freue mich auf die Zeit, in der im Streit um Utopien das eine Deutschland für das andere nicht mehr herhalten kann, in der sich nicht mehr alle Tatenlust westdeutscher Utopisten auf das Brachland DDR richtet, weil ihnen die eigene Kultur unvollkommen geraten ist. Ich freue mich darauf, wieder mit denen einig zu sein, zu denen ich mich zähle.

(1990)

Bild des letzten SED-Oberbürgermeisters von Ost-Berlin, Erhard Krack, in einem Pankower Abfalleimer.

Letzter Zugriff auf die Frau

Die Frage nach der deutschen Einheit ist beantwortet. Die Frage nach der Währung wird letztlich zur Zufriedenheit der meisten Betroffenen beantwortet werden, weil niemand noch mehr ostdeutsche Geschwister im eigenen westdeutschen Haus ertragen will und weil auf die Expansionslust der Wirtschaft Verlass ist.

Selbst der Eintritt der DDR in die Bundesrepublik über den Artikel 23 ist fast zur politischen Tatsache gereift. Und hier, ehe der § 218 wieder über die vereinigten deutschen Frauen herrscht, will ich laut um Hilfe schreien.

Befragt nach dem Bewahrenswerten in der DDR, fällt mir – außer dem grünen Pfeil für Rechtsabbieger an der roten Ampel – einzig das Abtreibungsgesetz ein, und die Vorstellung, es könnte den Frauen so willkürlich genommen werden, wie es ihnen gegeben wurde, findet in meinem Kopf keinen ruhigen Platz.

In der DDR gilt seit 1972 ausschließlich eine Fristenregelung. Der Schwangerschaftsabbruch ist kostenlos. Die Frauen in der DDR verdankten die überraschende Veränderung ihres Lebens weniger den alten Männern, von denen sie regiert wurden, als dem mutigen und lautstarken Aufbegehren der westdeutschen Frauen, die damals gegen den Anspruch des Staates auf ihre Leibeigenschaft durch die Straßen zogen. Ihr Protest weckte in den ehemaligen Proletariern Erinnerungen an die eigenen Kämpfe gegen den § 218 in der Weimarer Republik und ließ sie den hybriden Slogan der Ulbricht-Zeit »Überholen ohne einzuholen« erneut beleben. Für dieses eine Mal ist es ihnen sogar gelungen. Seitdem ziert ein uneingeschränkt freiheitliches und liberales Gesetz das düstere Gesetzeswerk der DDR als ein schöner Fremdkörper.

Ich war 30 Jahre alt, als den Frauen in der DDR dieses Gesetz beschert wurde. Es kam so undemokratisch zustande wie alle anderen Gesetze auch. Nur in dem Gewissen einiger christlicher Abgeordneter rumorte ein längst vergessener Widerstand und führte zu den unglaublichen, ungeheuerlichen 14 Gegenstimmen, die sich die CDU selbst im Wahlkampf 1990 noch als einziges Ruhmesblatt in den entlaubten Kranz flocht.

Mein demokratisches Verständnis war damals durchaus teilbar, denn ich erinnere mich, frohlockt zu haben über die Aussichtslosigkeit, mit der Ärzte und Pfarrer sich gegen das neue Gesetz sträubten.

Heute denke ich darüber anders.

Wir brauchen in einem zukünftigen Deutschland eine gesetzliche Regelung über ungewollte Schwangerschaften, die in ihrem Geiste so demokratisch ist wie der Weg der Rechtsfindung, der zu ihr führt. In diesem Sinn ist das Gesetz der Bundesrepublik so wenig demokratisch legitimiert wie das der DDR.

Von 519 Abgeordneten des Bundestages sind 83 Frauen. Von 16 Verfassungsrichtern sind zwei Frauen, für jeden Senat eine. Das durchschnittliche Alter der weiblichen Bundestagsabgeordneten beträgt etwa 50 Jahre; 16 von ihnen sind unter 40.

Jener Teil der Bevölkerung also, über dessen Recht auf den eigenen Körper und die eigene Biographie entschieden wird, ist von der Rechtsfindung ausgeschlossen. Das ist undemokratisch, zumal die Abwesenheit der Frauen in den Parlamenten die gleiche Ursache hat wie das juristische Interesse an ihren Körpern: die Fähigkeit zu gebären.

Diese Fähigkeit hat die Natur den Frauen vorbehalten, was von den Männern als Segen empfunden wurde, solange die Frauen ihnen gehörten.

Wenn sie nun aber nicht mehr ihnen gehören, wenn sie stattdessen ungeniert und ohne Schande uneheliche Kinder zur Welt bringen oder es zu verhindern wissen, wenn sie sich nach Gutdünken scheiden lassen und Väter zu Erzeugern degradieren, dann müssen die Frauen wenigstens dem Staat gehören. Und so beschließen die Männer in der Gestalt unparteiischer Richter, dass ein befruchtetes Ei im Leib der Frau nach zwei Wochen als menschliches Leben angesehen werden muss und somit als ein durch Artikel 2 Absatz 2 Satz 1 des Grundgesetzes zu schützendes »selbständiges Rechtsgut«. Wenn nicht der Vater entscheiden darf, greift der Übervater ein.

In den nächsten Wochen wird das Abtreibungsgesetz der DDR zur Diskussion stehen. Entweder verlieren die Frauen in der DDR das wichtigste Recht, das sie zu verlieren haben, oder die Diskussion um den § 218 wird zur ersten Chance, im Prozess der Vereinigung auch bundesdeutsches Recht zu korrigieren, und die westdeutschen Frauen bekommen endlich auch, wozu sie den ostdeutschen schon vor 18 Jahren verholfen haben.

Also fangen wir an.

Im April 1974 verabschiedete der Bundestag die Reform des § 218. Die CDU/CSU-Opposition legte Verfassungsklage ein. Im Februar 1975 erklärte das Bundesverfassungsgericht die vorgesehene Straffreiheit für einen Schwangerschaftsabbruch bis zum dritten Schwangerschaftsmonat für verfassungswidrig. In der Begründung des Urteils findet sich der atemberaubende Satz: »Durch die völlige Aufhebung der Strafbarkeit ist eine Schutzlücke entstanden, welche die Sicherung des sich entwickelnden Lebens in einer nicht geringen Anzahl von Fällen gänzlich beseitigt, indem es dieses Leben der völlig freien Verfügungsgewalt der Frau ausliefert.«

Unabhängig von allen Richtersprüchen sind Embryonen unter fünf bis sechs Monaten den Müttern, in deren Bäuchen sie heranwachsen, ausgeliefert. Wenn die Mutter stirbt, stirbt auch das Kind. Es kann nirgends leben außer in ihr.

Um den Embryo als »selbständiges Rechtsgut« zu schützen, muss der Staat die schwangere Frau beschlagnahmen, was in richterlicher Sprache heißt: »Der Lebensschutz der Leibesfrucht genießt grundsätzlich für die gesamte Dauer der Schwangerschaft Vorrang vor dem Selbstbestimmungsrecht der Schwangeren und darf nicht für eine bestimmte Frist in Frage gestellt werden.«

Fünf Männer, deren völlig freier Verfügungsgewalt alle bundesdeutschen Frauen auf Jahrzehnte ausgeliefert waren und sind, haben das so entschieden. Die einzige Frau unter den acht Richtern votierte gegen die männliche Mehrheit.

Die Usurpation weiblicher Selbstbestimmung rechtfertigen die Richter durch den bereits zitierten Artikel 2 Absatz 2 Satz 1 des Grundgesetzes, der besagt: »Jeder hat das Recht auf Leben …« In der Begründung wird der Satz modifiziert: »Jeder« ist »jeder Lebende«, anders ausgedrückt: jedes lebenbesitzende menschliche Individuum. »Jeder ist daher auch das noch ungeborene menschliche Wesen.«

Wenn ein seit 14 Tagen befruchtetes Ei ebenso ein

Jeder ist wie die Frau, in der es sich eingenistet hat, eine Jede ist, frage ich mich, ob ein potentieller Jeder nicht ebenso unter Verfassungsschutz gehört wie das Ei. Der männliche Samen enthält unzählige potentielle Jede, die minütlich schutzlos durch die Kloaken gespült und in Waschmaschinen vernichtet werden. Erst der männliche Samen veredelt das weibliche Ei zu einer eigenen juristischen Person im Innern einer Frau, das damit nicht mehr der Frau untersteht, sondern dem Justizministerium.

Es ist unverständlich, warum der Samen dem Gesetzgeber so wertlos erscheint, dass er ihn durch keinen einzigen Paragraphen schützt. Hat der Mann das Recht, seine Zeugungsanlagen und die Qualität der vielen potentiellen Jeden, die er täglich produzieren kann, durch übermäßigen Alkohol- oder Tabakkonsum zu ruinieren? Oder müsste er nicht, wenn er auf seine Laster nicht verzichten will, rechtzeitig ungeschädigten Samen einfrieren lassen und damit seinen natürlichen väterlichen Pflichten gerecht werden?

Kein richterlicher Gedanke zu diesen Fragen. In den Augen der Gesetzgeber ist der natürliche Feind des Kindes die Mutter. Nur vor ihr muss es geschützt werden. Um zu erklären, warum in Deutschland verabscheuungswürdig und strafbar ist, was in anderen westlichen Demokratien geduldet werden kann, geben sie ihre Entscheidung als eine vom ethischen Gewissen diktierte Reaktion auf die »Vernichtung lebensunwerten Lebens« während des Nationalsozialismus aus. Dieser Hinweis ist fatal, denn der § 218a Absatz 2 Ziffer 1 sieht die eugenische Indikation, also die Schädigung der Leibesfrucht, als legalen Grund für eine Schwangerschaftsunterbrechung vor, weil »es einer Schwangeren nicht unter dem Druck des Strafrechts zugemutet werden darf, ein auf Dauer krankes Kind zur Welt zu bringen« (Strafrechtskommentar).

Wäre ein drei Monate alter Embryo ebenso ein Individuum wie ein geborenes Kind, dürfte kein Gesetz seine Tötung erlauben, so wenig wie die eines geborenen Kindes. Wäre ungeborenes Leben nichts anderes als geborenes Leben, käme die ausdrückliche Erlaubnis, die geschädigte Frucht abzutreiben, der Euthanasie gleich. Aber es ist etwas anderes; das wussten auch die Richter. Umso infamer ist es, Frauen, die nicht mehr wollen als selbst entscheiden, ob, wann und von wem sie ein Kind bekommen, einer Dimension des Verbrechens zuzuordnen, für die uns bis heute die Begriffe fehlen.

Aufrichtiger klingt dagegen, womit die CDU/CSU-Fraktion ihre Verfassungsklage begründete. Sie beklagte, dass durch eine Fristenregelung beide Elternteile völlig ungleich gestellt seien, weil die Frau es in der Hand habe, »Nachkommenschaft zu bewilligen oder vorzuenthalten«. Mit anderen Worten: Der Mann muss das Recht haben, Nachkommenschaft auch gegen den Willen der Frau zu erzwingen.

Um den Männern den letzten Zugriff auf die Frau, direkt in ihren Bauch hinein, zu sichern, wird ein Argumentationsgemisch aus Wissenschaftsdogma, mittelalterlicher Religiosität und verdrehter Ethik zu einem Leim verrührt, der die Alte Welt in den Fugen halten soll, wenigstens in Deutschland.

Die juristische Zweiteilung der Mütter und ihrer ungeborenen Kinder liefert die Frauen juristischer und medizinischer Willkür aus. In den Vereinigten Staaten existieren inzwischen mehr als 20 Urteile, durch die Schwangere im Namen ihrer ungeborenen Kinder zu medizinischen Eingriffen wie Kaiserschnitten und Cerclageoperationen gezwungen wurden. Mit dem gleichen Recht könnte man Alkoholikerinnen und Raucherinnen in den Zwangsentzug einweisen, mit gleichem Recht ließe sich eine Zwangsdiät verordnen oder das Radfahren verbieten.

Während das ungeborene Leben zum Fetisch erhoben wird, verliert das Leben der schwangeren Frau außerhalb der biologischen Funktionalität seinen Wert.

Die ganze Verlogenheit der Diskussion wird offenbar, wenn man sie auf dem Hintergrund der Embryonenforschung und Gentechnologie betrachtet.

Bei einer künstlichen Befruchtung werden in der Regel mehr Eizellen befruchtet, als der Frau implantiert werden können. Die übrigen dienen als Material für die Embryonenforschung. Selbst wenn es sich durchsetzen ließe, sie unerforscht zu vernichten, bliebe es unverständlich, warum das erlaubt sein sollte und eine Schwangerschaftsunterbrechung nicht. Nach dem Verständnis des Gesetzgebers müsste die Besitzerin der Eizellen alle in sich reifen lassen, einen Drilling nach dem anderen. Die Unantastbarkeit des menschlichen Lebens wird hinfällig, wenn der eigene Zugriff auf die Schöpfung möglich erscheint. Es verwundert mich nicht zu hören, dass gerade jene Wissenschaftler die wenigsten Bedenken gegen eine ungehinderte Embryonenforschung haben, die gleichzeitig das Recht der Frau, eine Schwangerschaft zu unterbrechen, negieren. Mit dem gleichen Anspruch werden solche Männer, wenn es ihnen endlich gelungen sein wird, Menschen nach ihrem Bilde außerhalb der Frau zu züchten, den Frauen das Gebären verbieten, weil sie selbst es inzwischen perfekter können. In dieser Auseinandersetzung geht es um Macht und sonst um nichts. Es geht um die Macht der Männer, die Macht des Staates, die Macht der Kirche.

Kein Gesetz der Welt wird verhindern, dass Frauen in ihrem Körper abtöten, was sie darin nicht wachsen lassen wollen. Man kann sie Kurpfuschern ausliefern, man kann sie ausbluten und sterben lassen, man kann sie vor Kommissionen demütigen oder ihnen die Frei-

Demontage der Berliner Mauer

heit geben, die jedem Menschen zusteht. Der Artikel 2 Absatz 2 heißt nicht nur: »Jeder hat das Recht auf Leben«, sondern: »Jeder hat das Recht auf Leben und körperliche Unversehrtheit. Die Freiheit der Person ist unverletzlich. In dieses Recht darf nur auf Grund eines Gesetzes eingegriffen werden.«

Gesetze werden von Männern gemacht. Die nächste Entscheidung über den § 218 dürfte weder der Bundestag noch das Bundesverfassungsgericht fällen, sondern ein Gremium, das wenigstens zu zwei Dritteln aus Frauen besteht, sofern man sich nicht entschließen kann, das Naheliegende zu tun, nämlich die Männer in diesem Fall von der Rechtsfindung auszuschließen.

(1990)

Fettaugen auf der Brühe

In einigen Tagen ist es so weit. Dann wird er in den Talkshows und Kulturmagazinen sitzen, beflissene Moderatoren werden den bekannten Lügenbrei aus ihm quetschen wie aus einer halbleeren Zahnpastatube. Schon jetzt planen die Feuilletonredakteure lüstern die fröhliche Treibjagd durch Studios und über Zeitungsseiten. Die Schlachtplatten werden angerichtet. Das »Literarische Quartett« hat sich das Filet reserviert, »Aspekte« eine Keule, *Die Zeit* vermutlich das Bruststück; bleibt zu hoffen, dass wenigstens die *taz* den aasigen Braten meidet.

Hermann Kant hat seine Memoiren geschrieben. Ehe das Spektakel über uns hereinbricht, will ich in bekennender Ignoranz des Werkes meinen Ekel kundtun, der mich angesichts der nun schon zwei Jahre währenden Schamlosigkeit befallen hat.

Günter Schabowski, einst Mitglied des Ost-Berliner Politbüros, plappert beim *Spiegel*, ein Zensor namens Langguth macht sich im *Stern* wichtig. Krenz kassiert von *Bild* und sitzt breitbeinig und frech in Talk-Shows wie ehedem im Politbüro. Peter Przybylski, früher Pressesprecher beim Generalstaatsanwalt der DDR, erobert die *Spiegel*-Bestsellerliste, Vera Oelschlegel, geschiedene Ehefrau von Kant und von dem Berliner SED-Bezirkschef Konrad Naumann, sudelt in der *Berliner Zeitung*.

Jetzt steht uns das Ereignis Kant bevor, und mir dämmert es langsam: Zum Preis der Einheit gehört auch, dass diese skrupellosen Karrieristen, diese Fettaugen auf jeder Brühe, sich nun auch dort ausbreiten dürfen, wohin wir uns vor ihnen geflüchtet haben. Es wäre illusionär, von Egon Krenz oder Hermann Kant jene Scham zu erwarten, die sie hätte innehalten lassen, die uns vor ihnen eine Schonzeit gegönnt hätte, wenigstens für die zwei oder drei Jahre, die unsereins auf die Ablehnung seiner Bücher warten musste.

Das Recht auf freie Meinungsäußerung schließt Schurken nicht aus, und es ist müßig, darüber zu lamentieren, dass diese davon auch Gebrauch machen. Aber ebenso schwer zu ertragen wie die kaltschnäuzige Mitteilungssucht der Täter ist die bedenkenlose Sensationsgier der Medien, deren Vertreter, je nach Temperament, zu ihrer Rechtfertigung mal auf die Marktwirtschaft verweisen und mal auf die Pflicht zur Vergangenheitsbewältigung. Es drängt sich der Verdacht auf, dass selbst Himmler und Göring heute nicht mehr zu befürchten hätten als eine anstrengende Stunde auf dem Heißen Stuhl von RTL plus.

Was macht den Marktwert dieser Leute und ihrer

Produkte aus? Glaubt etwa der Herausgeber der *Berliner Zeitung*, Erich Böhme, seine Autorin Oelschlegel (im Volksmund: Oelschenkel) sei auch nur willens, zur Aufklärung der Wahrheit beizutragen?

Meint der »Aspekte«-Chef Johannes Willms, in dessen Sendung die Präsentation von Büchern zur Rarität geworden ist, ausgerechnet die Memoiren von Hermann Kant dürften dem lesenden Rest der Nation nicht vorenthalten werden?

Ich vermute, selbst wenn Kant wollte, könnte er die Wahrheit nicht mehr von der Lüge trennen, in die er Jahrzehnte verstrickt war, die seine Lebenslüge ist. Dann aber läge sein Marktwert in der zu erwartenden Lüge, und das verstehe, wer will. Oder wollen wir wissen, wie er lügt, um uns dann, wenn wir feststellen, dass der Mann unsere finsteren Erwartungen natürlich weit überboten hat, gehörig zu empören, während der Verursacher unseres masochistischen Lustgefühls vergnügt auf dem Sofa sitzt und die Verrisse in den Zeitungen liest?

Wie blöd sind wir eigentlich, dass wir einen Markt hergeben für Leute, von denen man sich nur eins wünschen kann: dass sie endlich, endlich den Mund halten. Sie sollen eine Rente bekommen, es soll ihnen halbwegs gutgehen, sie sollen in ihren Häusern wohnen bleiben dürfen, aber sie sollen leise sein, endlich einmal leise sein.

Statt sie aber zu schweigsamer Nachdenklichkeit zu ermutigen, ernennen die Medien, getrieben von der Amüsiergier ihres Publikums, sie zu den neuen Gruselhelden des Showgeschäfts. Und während Krenz mit atemraubender Unverschämtheit den demokratischen Rechtsstaat für sich reklamiert, als sei dessen Existenz für ihn eine lebenslange Selbstverständlichkeit, versuchen seine lächelnden Interviewer, ihn bei Laune zu halten, damit das böse Spiel nicht böse endet und die Vergangenheit höflich bewältigt werden kann. Als wäre es nicht wirklich ernst gewesen: die Gefängnisse, die Spitzel, die zerstörten Leben, die Toten.

Die westdeutsche Öffentlichkeit ist schnell bereit, den Ostdeutschen mangelndes Geschichtsbewusstsein und eine, wenn durch ihre Vergangenheit auch verständliche, so doch ekelhafte Demokratieunfähigkeit zu bescheinigen, und ich gestehe, in diesem Chor zuweilen mitzusummen. Aber welches Geschichtsbewusstsein wird denn durch die heitere Verwurstung ehemaliger DDR-Größen auf dem westdeutschen Vergnügungsmarkt bewiesen?

Als die Bewohner von Fürstenberg ihren Supermarkt in 700 Metern Entfernung von der Gedenkstätte Ravensbrück verteidigten, gebärdeten sich die Kommentatoren fassungslos, und nur wenige von ihnen machten sich die Mühe zu bedenken, dass auch die Toten von Ravensbrück herhalten mussten, um

17 Millionen DDR-Bürger 40 Jahre lang im Joch zu halten, und dass auch Häftlinge nationalsozialistischer Konzentrationslager zu den Tätern der nächsten Diktatur gehörten, deren Opfer auch die Bewohner von Fürstenberg waren.

Die Geschichte endet nicht 1945. Und Geschichtsbewusstsein erlangt man nicht in einem einmaligen Akt gegenüber einem einmaligen Ereignis. Auch die DDR hat Opfer hinterlassen, denen übel werden muss, wenn sie die halbherzige Entschädigung für Jahre ihrer Lebenszeit vergleichen mit den Honoraren der Täter und Mittäter, die ihren Anteil an der Schuld ganz marktwirtschaftlich verhökern.

Wir sollten nach ihrem Angebot nicht fragen – ohne Nachfrage kein Markt.

(1991)

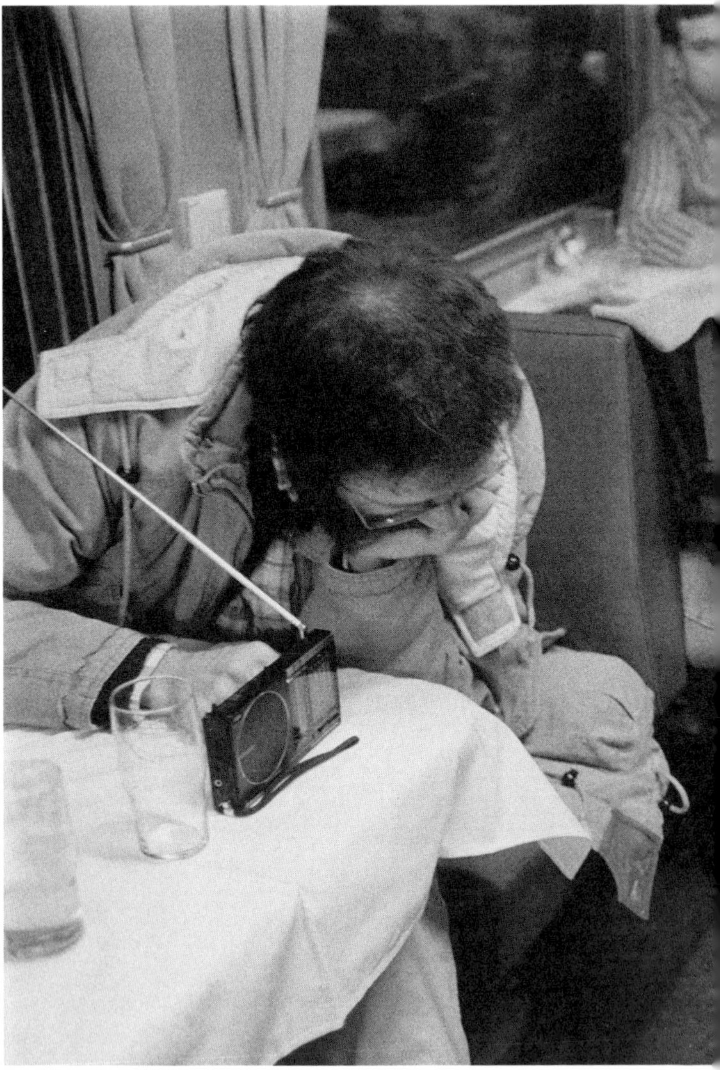

Im Interzonenzug in der Nacht zum 10. November 1989.
Die Reisenden, unter ihnen DDR-Bürger auf dem Heimweg vom Westbesuch, erfahren in den Nachrichten, dass sie in ein anderes Land zurückkehren als jenes, das sie verlassen haben.

Zonophobie

Seit ich von Osten nach Westen reisen durfte und die deutsche Teilung sich für mich durch sinnliche Anschauung aus der historischen Gewissheit in reine Absurdität verwandelte, fing ich an, mich dafür zu interessieren, wer warum die Teilung Deutschlands wollte: warum die Linken, warum die Franzosen, die Russen, die Engländer, die Vereiniger Westeuropas, eigentlich alle außer Martin Walser und vermutlich der Hälfte aller Ostdeutschen. Ich selbst begann in dem Maße die deutsche Einheit zu wollen, wie die Argumente für die deutsche Teilung mir verdächtig wurden.

Inzwischen ist mir die Einheit zum Albtraum geworden, und das nicht, weil irgendeiner ihrer Gegner recht behalten hätte: die Linken oder die Franzosen, die Engländer oder Russen; auch nicht, weil die sächsischen Chemiearbeiter nicht mehr unter den tropfenden Säureleitungen hantieren dürfen und stattdessen arbeitslos sind; auch nicht, weil die Mieten steigen, Spekulanten glückliche Zeiten haben, mittelmäßige Wissenschaftler aus westlichem Sonstwoher die ostdeutschen Lehrstühle okkupieren, das alles gehört zu Nachkriegszeiten. Wir leben in einer verspäteten Nachkriegszeit.

Die Einheit ist mir zum Albtraum geworden, weil der Osten, wo er sich als solcher artikuliert, mir unüberwindlichen Ekel verursacht. Alles hat sich in Ekel verwandelt: mein Mitleid, meine Anteilnahme, mein Interesse. Ich weiß, dass ich ungerecht bin, und kann es nicht ändern. Ich halte es für eine Krankheit und weiß nicht, wie man sie heilt. Die Krankheit nenne ich Zonophobie.

Ich will versuchen, die Symptome wahrheitsgetreu zu beschreiben. Möge ein gerechterer Mensch als ich befinden, ob der Defekt bei den Betrachteten liegt oder beim Betrachter oder bei beiden. Ich nehme mir das Recht zur Ungerechtigkeit, ein paar Seiten lang, einmal ausatmen nur, nachdem ich von meiner bemühten Gerechtigkeit schon ganz kurzatmig geworden bin.

Schon auf der Autobahn von Hamburg nach Berlin erkenne ich sie, ohne ihre Nummernschilder zu entziffern: Wer unbeirrt auf der linken Spur fährt, weil er irgendwo am Horizont einen Trabant oder Lastwagen vermutet, ist aus dem Osten. Was man hat, das hat man, in diesem Fall die linke Spur. Wer an einer Auffahrt beflissen und todesmutig links rausfährt, ohne sich um heranrasende BMW- und Porscheherden zu kümmern, ist aus dem Osten. Er zeigt, dass er gelernt hat.

Sturer Trotz und peinliche Beflissenheit sind überhaupt die prägenden Züge derzeitigen ostzonalen Verhaltens. (Spätestens hier muss ich wohl sagen, dass ich alle ausnehme, die sich wie vernünftige, auf die Wechselfälle des Lebens vorbereitete Einzelmenschen benehmen. Die waren vor '89 anders und sind es auch jetzt.)

Wenn meine masochistische Neugier mich treibt, in der Pankower Kaufhalle – ehemals HO, jetzt Spar – einzukaufen, und ich sie, mit denen mich eine Vergangenheit als Konsument des Staatlichen Handels eint, bei ihren Beschaffungsaktionen beobachte, reagiere ich wie ein Allergiker, dem eine Katze auf den Schoß springt. Ich muss mich beherrschen, um ihnen ihre ekelhaft großen Fleischpakete oder ein süßes balkanesisches Perlgesöff namens Canei nicht wieder aus den Einkaufswagen zu reißen. Ich möchte die mürrische Frau, die mir gerade mit ihrem Gefährt über die Zehen gefahren ist und mich danach vorwurfsvoll ansieht, fragen: Warum entschuldigen Sie sich nicht? Oder den Mann, mit dem ich fast kollidiert wäre: Warum lächeln Sie nicht? Wie eine Animateuse gehe ich zwischen ihnen umher, lächle und entschuldige mich, entschuldige mich und lächle, hoffend, sie werden meine Botschaft eines Tages verstehen.

Noch schlimmer ist es, wenn der Hunger mich in die Folterstuben der ostdeutschen Gastronomie zwingt. Sobald das Essen genießbar ist, findet sich ein Hinweis auf das Niveau des Etablissements auch schon in der Speisekarte. Niveau sind die letzten beiden Silben des Substantivs Weltniveau; das weiß jeder, der aus der DDR stammt. Wer sich also heute in ein Restaurant mit Niveau verirrt, ahnt, wem es gehört, das mutierte Gästehaus des Ministerrats in Niederschönhausen zum Beispiel, wo wir nicht zu fünft an einem ausreichend großen Tisch sitzen durften, weil wir das Niveau verdorben hätten. Freunde von mir, die keine genuinen Ostmenschen sind, sagen oft, ich übertreibe oder ich müsse mehr Verständnis haben. Ich hingegen glaube, dass meine Freunde nur so nachsichtig sein können, weil ihnen erspart bleibt, wirklich zu verstehen, was sie erleben. Sie müssen nicht zwanghaft, wie ich, jede Situation in eine andere übersetzen; sie wissen nicht, wie es war, als man sich dem Anspruch auf gastronomisches Niveau noch nicht entziehen konnte, indem man zum nächsten Italiener floh. Sie haben keine Ahnung, welch elendes Leben man unter der Diktatur von Kellnern, Klempnern und Taxifahrern führt. Es mag frivol klingen, aber es ist die Wahrheit: Ich habe unter der Stasi weniger gelitten als unter den Kellnern, Klempnern und Taxifahrern. Die Stasi konnte ich ignorieren, ich brauchte sie nicht.

Am wenigsten ertrage ich an meinen ehemaligen Staatsbürgerschaftsgefährten, dass sie glauben, alle Welt sei ihnen etwas schuldig, insbesondere schulde man ihnen ihre Würde. Sie haben anscheinend vergessen, dass viele von ihnen mit ihrer Würde bis vor drei Jahren ziemlich leichtfertig umgegangen sind und sie auf die Art eines Tages verloren haben. Nun denken sie, Helmut Kohl und die Treuhand hätten sie gefunden und wollten sie nur nicht wieder rausrücken. Das Ungewöhnliche an dieser Würde ist, dass ihr Wert sich ganz einfach in Geld ausrechnen lässt. So viel Würde, wie jetzt Geld gebraucht wird, kann es in diesem Land unmöglich gegeben haben, sonst sähe es anders aus.

Wahrscheinlich meinen sie etwas anderes: Sie vermissen ihre gewohnte Gleichheit. Als sie noch alle eher wenig als viel, eben nur gleich viel hatten, fühlten sie sich offenbar auch gleich wert. Eine der häufigsten Fragen in diesem Land war: Du glaubst wohl, du bist was Besseres. Was Besseres war niemand, und so schlau wie der war man allemal. In Fragen des Geschmacks und der Bildung war die Behauptung, man lebe in der Diktatur des Proletariats, keine Lüge. Und plötzlich ist das vorbei; *die* Kränkung ist die tiefste und kann nicht vermieden werden.

Solange ich unter ihnen lebte, ist mir die außergewöhnliche Empfindsamkeit meiner ostdeutschen Mitmenschen verborgen geblieben. Im Gegenteil: Ich bin an ihrer Dumpfheit und Duldsamkeit, an ihrer Duckmäuserei und ihrem feigen Ordnungssinn oft verzweifelt. Eigentlich sollte ich mich freuen, dass sie plötzlich eine Ungerechtigkeit eine Ungerechtigkeit nennen und eine Lüge eine Lüge. Wenn ich aber sehe, wie sie sich empören, wie sie wieder und wieder in die Kameras sächseln, dass sie sich nicht verarschen lassen und schon gar nicht verkohlen, wenn sie in ihrem ganzen ostdeutschen Mannesmut jedem, der sie nicht vorher gekannt hat und es darum besser weiß, den Eindruck vermitteln müssen, einem Aufrührer, einem Michael Kohlhaas zu begegnen, dann kann ich nicht verhindern, dass ich sie wieder vor mir sehe, wie sie zu den Wahlurnen geschlichen sind, wie sie mit gesenktem Blick in den Versammlungen gesessen haben, verarscht, verkohlt, gedemütigt. Damals wären sie nicht auf die Idee gekommen zu streiken. Und jetzt, will es mir scheinen, ist ihnen das Recht zu streiken nicht mehr die Schwierigkeiten wert, die es kostet, diesen Schrotthaufen von einem Land in eine nach europäischem Maß vernünftige Gesellschaft zu verwandeln.

Für jede Unbill wird ein Feindbild gebraucht. In Ermangelung von Phantasie nehmen sie das, was ihnen Jahrzehnte eingebläut wurde: Der Westen ist schuld. Der Westen zahlt zu wenig, der Westen schickt die falschen Leute, der Westen verramscht die verrotteten Kostbarkeiten. Dabei müssten sie nur nach Osten sehen, um zu wissen, wie schlecht es ihnen gehen könnte. Aber so wenig es sie interessiert, dass auf dem Balkan die Leute sterben, dass die Russen hungern, dass den Ungarn, Polen, Tschechen und Slowaken schlechte Zeiten bevorstehen, so wenig nehmen sie zur Kenntnis, dass die Verkäuferinnen in Hamburg für zweitausend Mark brutto streiken, dass die höheren Löhne im Westen von den noch höheren Mieten geschluckt werden, dass die zusätzlichen Steuern, die schließlich ihretwegen erhoben werden, die Leute am ärgsten treffen, denen es kein bisschen besser geht als ihnen selbst, auch wenn sie in Köln oder Bochum wohnen, also mit dem Schimpfwort Wessis bedacht werden, was ein Synonym ist für reich.

»Der Kohl hat es uns schließlich versprochen« – das ist der peinlichste, blamabelste, lächerlichste Satz der letzten beiden Jahre. Der arroganteste Westdeutsche könnte den Ostdeutschen nicht mehr Unmündigkeit vorwerfen, als sie sich mit diesem Satz selbst bescheinigen. Jeder SPD-Politiker, der ihn gegen Helmut Kohl benutzt, sollte wissen, dass er die Ostdeutschen damit zu einem Haufen blöder, enttäuschter Kinder erklärt, die greinen, weil sie zu Weihnachten das falsche Geschenk bekommen haben. Helmut Kohl hat etwas versprochen, das er bis jetzt nicht gehalten hat. Na und. Oskar Lafontaine hat es nicht versprochen, dem haben sie nicht geglaubt. Wer hat sie gezwungen, Kohl zu glauben? Welchen Grund hatten sie überhaupt, nach vierzig Jahren DDR irgendeinem Politiker mehr zu glauben als den eigenen Augen und dem eigenen Denkvermögen? Sie kannten ihre Betriebe, Städte, Häuser am besten; sie selbst hätten Kohl damals sagen müssen, dass er sich irrt oder lügt, wenn er behauptet, die DDR ließe sich innerhalb von drei oder vier Jahren in den Garten Eden verwandeln, und das, ohne die Steuern zu erhöhen. Und was hätten sie eigentlich anders entschieden, wenn sie ihm nicht geglaubt hätten? Hätten sie auf die Währungsunion verzichten wollen und auf die Einheit und auf die Hunderte Milliarden, die in dieses Ländlein fließen, während das Riesenreich der Russen um die Stundung der Zinsen für einen Hundertmilliardenkredit betteln muss?

Damals haben sie selbst nicht an das Überleben ihrer Betriebe geglaubt, deren Produkte sie auch selbst nicht kaufen wollten. Inzwischen ist dank der wortgewaltigen Unterstützung einiger Wirtschaftsexperten unter Deutschlands Schriftstellern die Legende verbreitet worden, erst die Treuhand habe die Wirtschaft der DDR ruiniert. Ich bin sicher, dass es in der Treuhand Idioten und Halunken gibt, die gibt es überall, warum nicht auch in der Treuhand. Aber für eine Gangsterbande wie den Verein des Alexander Schalck-Golodkowski halte ich die Treuhand nicht.

Die neue ostdeutsche Einheitsfront, die von der PDS über Diestel bis zu den Neonazis reicht, verrührt die DDR-Geschichte zu einem einzigen Opferbrei, die eigene Vergangenheit wird unter dem neuen Feindbild begraben, ein neues Wir ist geboren, »wir aus dem Osten«; endlich dürfen alle Opfer sein, Opfer des Westens. Niemand ist mehr verantwortlich für den wirtschaftlichen und politischen Ruin des Landes außer der Treuhand. Unter der SED waren wenigstens die Mieten billig, und alle hatten Arbeit. Und Adolf Hitler war der Mann, der die Autobahnen gebaut hat. Was glauben all jene, die noch immer das Bewahrenswerte der DDR beschwören, wie lange das Kartenhaus DDR noch gestanden hätte? Nicht einen Tag länger als die Sowjetunion.

Manchmal denke ich, die Gegner der Einheit hatten recht: Die Ostdeutschen hätten durch die ganze Misere, die dem Zusammenbruch folgen musste, allein gehen sollen, damit sie endlich hätten lernen können, dass das eigene Tun und Nichttun Folgen hat, auch das Dulden und das Schweigen. Stattdessen flüchten sie sich aus der verordneten Unmündigkeit in die freiwillige, indem sie die neue Obrigkeit für die alte nehmen. Diese Regierung aber haben sie gewählt. Wenn sie das nachträglich für einen Fehler halten, können sie ihn bei der nächsten Wahl korrigieren.

Nachdem ich meinem ungerechten Zorn einige Seiten gegönnt habe, beschleicht mich das Bedürfnis nach Gerechtigkeit, und ich will die Geschichte von einem jungen Mann erzählen, der mich kürzlich in meiner alten Pankower Straße ansprach. Er kam mir bekannt vor, und ich überlegte noch, welcher Freund meines Sohnes er sein könnte, als er sagte: Erkennen Sie mich nicht, ich war der Briefträger. Er schien zu wissen, dass er kaum wiederzuerkennen war.

Vor vier oder fünf Jahren, als er noch unser Briefträger war, kannte ich ihn als einen blassen scheuen Jungen in einem zu kleinen Mäntelchen mit Samtkragen, beladen mit der Posttasche und einem seiner Jugend unangemessenen Ernst. Einmal klingelte er und fragte, ob ich ihm ein Buch von mir leihen könne. Später traf ich ihn auch auf einer meiner Lesungen in einer Kirche.

Dass ich ihn nicht erkannt habe, lag nicht an der neuen Kleidung, der veränderten Frisur oder der Sonnenbrille mit den runden Gläsern. Er lief anders, sprach anders, er war anders.

Ich fragte ihn, was er jetzt so treibe. Er studiere Altphilologie, sagte er, das sei ein alter Traum von ihm gewesen.

Ich weiß nicht, ob der leise Triumph, den ich zu hören glaubte, in seiner Stimme lag oder von mir dazugegeben war. Einer von denen, die in diesem Osten verkümmert wären, weil sie den Dienst mit der Waffe verweigerten oder sich der FDJ fernhielten, die schlimmstenfalls an der Mauer erschossen wurden und bestenfalls eines Tages Gedichte schrieben, deren Träume sich aber nie erfüllten. Jetzt besichtigte er den Schauplatz seines unfreiwilligen Briefträgerlebens als der, der er schon immer hatte sein wollen. Er sei froh, sagte er, nur froh.

Ich war auch froh, weil er froh war und weil wir Gott sei Dank die Einheit haben und weil Heinrich Fink sich zwar als Gründungsmitglied eines Gerechtigkeitsvereins wichtig machen darf, aber nicht als Rektor der Universität, an der mein ehemaliger Briefträger sich seinen Traum erfüllt.

(1992)

Silvester 1989 am Brandenburger Tor

Vier Archetypen

Sehr geehrte Damen und Herren,

da die Schwierigkeiten der deutschen Vereinigung so unübersehbar viele sind, da sich zudem unübersehbar viele bedeutende Persönlichkeiten zu diesen unübersehbar vielen Schwierigkeiten schon geäußert haben, will ich mir einen bescheidenen Rahmen stecken und nicht mehr tun, als Ihnen beschreiben, was ich darin sehe.

Ich habe mir vier Archetypen des Vereinigungsprozesses gewählt, deren Umrisse ich Ihnen skizzieren möchte, um auf die Art zu erkennen, ob die Psychologie der Vereinigung von der des gewöhnlichen Zusammenlebens überhaupt abweicht oder nicht. Die vier Personen, die ich Ihnen vorstellen möchte, sind nicht besonders originell; darin liegt ihre Bedeutung. Sie gehören weder Randgruppen an, noch vertreten sie extreme Ansichten. Sie sind eher privilegiert als benachteiligt, ihre Wege kreuzen sich im Innern der Gesellschaft.

1. Der gute Westmensch, der sich schämt, wenn er sieht, wie schlechte Westmenschen sich als Kolonisatoren in den neuen Bundesländern aufspielen.

Der gute Westmensch, ich nenne ihn G. W., stammt in der Regel aus der gehobenen akademischen Schicht. Häufig ist er Wissenschaftler, Künstler, Journalist oder Lehrer; oder Wissenschaftlerin, Künstlerin, Journalistin oder Lehrerin. Der oder die G. W. wohnt in einem Haus am Stadtrand oder in einer 180-m^2-Wohnung in der City, vor zwanzig Jahren gemietet, also noch bezahlbar. G. W. ist auch früher schon, als die Mauer noch stand, oft in die DDR gefahren und hat dort gute Freunde.

Seit drei Jahren ist G. W. sehr bedrückt; in den Jahren davor war G. W. auch sehr bedrückt, aber aus anderen Gründen. Jetzt macht es ihn traurig und wütend – bis vor kurzem hätte er diesen seinen Gemütszustand noch betroffen genannt, es macht mich betroffen, hätte G. W. gesagt – inzwischen macht es ihn traurig und wütend, wenn er sieht oder hört, dass zweitrangige Beamte, Richter und Wissenschaftler aus dem Westen im Osten Karriere machen, während auch anständige Ostmenschen unwürdigen Überprüfungen ausgesetzt sind. Für kurze Zeit war G. W. selbst oder ein Freund von ihm in das unmenschliche Räderwerk der deutschen Vereinigung geraten. Man hatte ihn einer Evaluierungskommission zugeteilt, und zunächst hatte er auch geglaubt, mit seinem Wissen und seiner Menschenkenntnis der Gerechtigkeit und der Vernunft auf diese Art dienen zu können. Aber was G.W., der auch bis dahin ausreichend Gelegenheit hatte, die Niedrigkeit des Homo sapiens zu studieren, dort erleben musste, hat seinen Glauben an das Gute im Menschen, den er sich, wenn auch desillusioniert durch eine erfolgs- und konsumwütige Ellenbogengesellschaft, seit seiner Jugend bewahrt hatte, nachhaltig erschüttert.

Er musste mit ansehen, wie Professor E., ein Schwachkopf, den er seit '68 kannte und dem keine westdeutsche Universität eine C4-Stelle angeboten hätte, nun in Kaschmir und Sechshundertmarkschuhe gewandet, seinen ostdeutschen Kollegen den Rechtsstaat und gleich noch ein paar Anstandsregeln beibiegt. G.W. wäre vor Scham am liebsten im Boden versunken, hätte nicht so ein lumpiger Synthetikteppich darauf gelegen.

Man solle ja nicht glauben, sagt G.W., die Menschen im Osten würden, weil sie ihr Leben lang nichts als Demütigungen kennengelernt hätten, nicht merken, wenn sie schon wieder gedemütigt werden.

Obwohl er zugeben müsse, sagt G.W. und verbirgt dabei nicht den Schmerz, den er sich mit dem folgenden Bekenntnis zufügt, obwohl er zugeben müsse, dass die Ossis, zumindest einige von ihnen, noch unerträglicher seien als die Wessis. So habe er erleben müssen, wie einem begabten jungen Wissenschaftler, nur weil er, von Natur aus eben aktiv, auch aktiv in der FDJ war, öfter als andere reisen durfte, demzufolge natürlich auch einige Berichte habe schreiben müssen, auch Stimmungsberichte über die Kollegen, aber nur allgemein, nichts Persönliches, wie dessen Karriere nun durch Intrigen und Denunziation beendet wird. Neid und alte Rechnungen, ekelhaft, sagt G. W., aber so sind die Deutschen nun einmal, auch die im Osten.

Gerade in den Jahren vor dem Mauerfall hatte G. W., ohne dass er sich dessen ganz bewusst gewesen wäre, seinen Ekel vor den Deutschen zu verlieren begonnen. Er hätte nie darüber gesprochen, im Gegenteil, er hat die Gefährlichkeit der Deutschen und das ihnen gebührende Misstrauen immer wieder beschworen, aber zunehmend kostete es ihn Anstrengung, die Leidenschaft welkte wie G. W. selbst. Zwanzig Jahre lang war er gegen das deutsche Bürgertum zu Felde gezogen, hatte dabei fünfundzwanzig Paar Turnschuhe durchgelaufen, fünfzig Jeans zerwetzt und derweil heimlich seine Sehnsucht nach einem Leben genährt, in dem der Anstand eine ordnende Rolle spielt. Dann bricht der Osten ein, und alles fängt von vorne an. Und gleich soll auch der Bundespräsident ein Ostmensch sein, der höchste Repräsentant aller Deutschen ausgerechnet aus dem Osten. Wie eine Lichtgestalt erscheint ihm die Hamm-Brücher dagegen. Selbst Rau, der nun wirklich kein Heinemann wäre und mit seiner schmalzigen Laienpredigerrhetorik jedem empfindsamen Menschen physische Pein verursacht, wäre ihm lieber als ein so oder so durch die Diktatur verkrüppelter Ostmensch.

2. Der traurige Ostmensch, T. O., der Gerechtigkeit wollte und den Rechtsstaat bekam.

Der, die oder das T. O. gehört zu G.W.s Freunden im Osten, was bedeutet, dass G.W. sich als Freund von T. O. ansieht. Ob T. O. sich auch als Freund von G.W. versteht, wissen beide nicht genau. Denn wenn T. O. auch anerkennt, dass G.W., rein menschlich gesehen, sensibler und selbstkritischer als die meisten Wessis zu sein scheint, so trennen ihn, T. O., und ihn, G.W., doch Welten. Denn was T. O. erlebt hat, hat G.W. nicht erlebt und wird darum T. O. auch nie so ganz richtig verstehen. T. O. hingegen durchschaut G.W. ziemlich genau, vor allem sein schlechtes Gewissen, das ihm von der Ungewissheit, wer er wohl unter den von T. O. tapfer und tadelsfrei überstandenen Zeiten der Diktatur gewesen wäre, auferlegt ist. Dass G.W. nie genau wissen wird, ob er nicht doch ein IM oder Parteigänger oder Mitläufer, wenigstens aber kein aktiver Regimegegner wie T. O. geworden wäre, verhilft T. O. zu jener chronischen kleinen Genugtuung, die hin und wieder das stolze, verschlossene Lächeln des Auserwählten auf sein Gesicht zaubert.

Die letzten drei Jahre haben T. O. die Erkenntnis aufgenötigt, dass der Welt nicht zu helfen ist, weil sie sich nicht helfen lassen will. T. O. weiß schon lange, wie ihr zu helfen wäre, und immer hatte er geglaubt, dass er, stünde zwischen der Welt und ihm nicht eine Diktatur, das Rettende zu tun wüsste. Damals, als die eine Macht gefallen war und die andere noch nicht herrschte, damals, als sie alle rund um die runden Tische saßen und in stundenlangen, tagelangen, ja wochenlangen Diskussionen, wahrhaft demokratisch, um jedes Problem rangen, damals hatte T. O. geglaubt, jetzt würden sie eine Gesellschaft schaffen, die vielleicht nicht wohlhabend, vielleicht sogar arm und bescheiden, aber ganz und gar gerecht sein würde. Inzwischen wisse er, sagt T. O., dass sie damals naiv und unerfahren waren und dass, wer seinen Blick auf eine Tischrunde richtet, nicht sieht, was hinter seinem Rücken passiert; trotzdem seien diese Monate die schönsten und hoffnungsvollsten seines Lebens gewesen, bis er hätte mit ansehen müssen, wie das zarte Pflänzchen Demokratie unter den Luxusstiefeln der Banken und Konzerne zermalmt wurde.

Und dieser Rechtsstaat, von dem sie ständig reden,

von dem auch G. W. redet wie von einer heiligen Kuh, wobei sich T. O. sehr wohl erinnert, dass die Heiligsprechung des Rechtsstaats durch G. W. erst einsetzte, als die Mauern von Jericho längst gefallen waren und die Spatzen es schon von Dächern posaunten, dass im Osten während der vergangenen vierzig Jahre zwar weiterhin die Sonne aufgegangen war, aber sonst auch nichts. Früher hatte G. W. ihn wieder und wieder beschworen, ja auszuhalten; erstens um der deutschen Vergangenheit willen, die T. O. abzubüßen habe, da G. W. in seinem Wohlstandsstaat gewaltsam daran gehindert werde; zweitens für die Zukunft, denn die Zukunft könne unmöglich in dem verrotteten westlichen System liegen, die müsse irgendwo in dem verseuchten Boden unter T. O.s Füßen begraben sein.

Zwar kam es T. O. damals hin und wieder so vor, als wisse G. W. die Größe des Opfers, das er ihm und den anderen Ostdeutschen abverlangte, nicht wirklich zu schätzen, aber das ließ sich letztlich leichter ertragen als das mitleidige Kopfschütteln anderer Besucher aus dem Westen, die sich nicht vorstellen konnten, wie man ohne Parmaschinken, dreilagiges samtweiches Klopapier und bittere Orangenmarmelade überhaupt überleben konnte. Und jetzt erklärt G. W. plötzlich das verrottete westliche System zu einem Rechtsstaat und den Rechtsstaat zu einem kostbaren Gut, und ihn, T. O., bezeichnet er als rachsüchtig und partiell demokratieunfähig, weil er es weder gerecht noch demokratisch findet, wenn Honecker in Chile die Orangen von den Bäumen pflücken darf.

Ob Unrechtsstaat oder Rechtsstaat, seine, T. O.s, Gerechtigkeit kommt in beiden nicht vor. Im Unrechtsstaat war sie verboten, was ihr immerhin eine gewisse Bedeutung verlieh; im Rechtsstaat wird sie zum Unterfünfprozentmüll gekehrt. Und die Demütigungen nehmen kein Ende, sagt T. O., der davon überzeugt ist, dass Steffen Heitmann nur zum Bundespräsidenten gekürt werden soll, damit die Ostdeutschen sich wie eh und je vor Scham winden, sobald sie einen ihrer Repräsentanten auf dem Bildschirm ertragen müssen; damit sie nicht vergessen, wie mickrig und lächerlich sie sich ausnehmen in der großen englischsprachigen Welt. Sonst hätte Kohl sich für Jens Reich entschieden, der außer Englisch und Französisch auch noch Russisch kann. Aber selbst G.W. sei gegen Jens Reich, sagt T. O., weil er den Mann für nicht medienwirksam hält, dabei wisse er genau, dass G.W. seinen Kindern das Fernsehen verboten hat, um sie vor der Verblödung zu retten, was nur bedeuten kann, dass Jens Reich nicht blöd genug ist, um Bundespräsident zu werden, und das könne G.W. ja unmöglich gemeint haben. Es sei einfach so, dass G.W. seinen Bundespräsidenten so wenig aus dem Osten haben will, wie er seine Hemden bei C & A kauft; davon sei er, T. O., überzeugt.

3. Der vernünftige Westmensch, V. W., von dem T. O. annimmt, er sei sein ärgster Gegner.

Der vernünftige Westmensch ist ein erfolgreicher Westmensch, womit nicht behauptet sein soll, jeder erfolgreiche Westmensch sei vernünftig. Aber der, von dem hier die Rede ist, verfügt über eine Vernunft, die zum Erfolg führt. V. W. kann Banker sein oder Würstchenbudenbesitzer, er ist öfter ein Mann als eine Frau, aber was immer er ist, er ist erfolgreich und verdankt seinen Erfolg sich selbst.

Sofort nach dem Fall der Mauer ist V. W. in den Osten gefahren, um zu helfen, sagt er. Fragte man ihn, ob er dem Osten oder seiner Bank bzw. seinem Würstchenhandel hätte helfen wollen, würde V. W. nachsichtig gegenfragen, wie lange er dem Osten wohl hätte helfen können, wenn diese Hilfe ihn ruiniere. So vernünftig ist V. W.

Er erzählt gern, dass er im Osten auch sehr fähige und leistungswillige Menschen getroffen habe, junge Leute, hochmotiviert, eine Freude zu sehen, wie die sich die Neue Welt erobern, sagt V. W., während seine Augen schon das Aber ankündigen, mit dem sein nächster Satz beginnt. Aber was macht man mit den anderen, fragt er, entweder seien sie Parteiknechte oder es fehle ihnen an Kompetenz. Leider könne man aus humanitären Gründen nicht alle Leute über dreißig in Rente schicken, obwohl das billiger wäre als der sinnlose Erhalt sinnloser Arbeitsplätze, und man wäre in fünf oder sechs Jahren am Ziel.

Seit seiner Jugend verursachen Schwäche und Erfolglosigkeit ihm einen gewissen Ekel, für den er sich zwar hin und wieder schämt, ohne ihn aber, glaubhaft vor sich selbst, unterdrücken zu können. V. W. hat darum vorm Spiegel trainiert, Empfindungen der Verachtung und des Widerwillens in die Mimik des Mitleids zu kleiden. Und so lächelt er denn auch mitleidig, wenn er die Geschichte eines Institutsdirektors erzählt, zu dem er schon früher, also zu DDR-Zeiten, berufliche Kontakte unterhalten habe, ein ganz vernünftiger Mann, schien ihm damals, der sich, soweit unter den gegebenen Verhältnissen eben möglich, auf seinem Gebiet ausgekannt habe. Jetzt, sagt V. W., käme ihm derselbe Mann ziemlich kopflos vor, und Gespräche erschöpften sich schnell in Klagen über fehlende Mittel oder eine hartherzige Obrigkeit. Das sei zwar früher auch so gewesen, nur hätte er damals, unter dem SED-Regime, die Klagen des Menschen einsehen können. Jetzt habe er den Eindruck, die Menschen im Osten seien das Klagen so gewohnt, dass sie damit einfach nicht aufhören könnten. Es sei ihm wirklich nicht leichtgefallen nach den vielen Jahren ihrer Bekanntschaft, sagt V. W., aber er habe empfehlen müssen, den Mann abzulösen.

Im Gegensatz zu G.W. glaubt V. W. fast sicher zu wissen, zu welcher Entscheidung ihn das Schicksal, als ein O. und nicht als ein W. geboren zu sein, genötigt hätte. Auch als ein O. wäre ihm das V. geblieben, die Vernünftigkeit, ein V. O. wäre er geworden, ein vernünftiger Ostmensch. T. O.s Weg, den V. W. für achtenswert, aber keineswegs für vernünftig hält, wäre sein Weg nicht gewesen. Sein Weg hätte ihn früh in den Westen geführt oder, das gibt V. W. zu, in die Partei. Nur dulden und jammern, das sei nicht seine Natur, er hätte etwas tun wollen und wer weiß, vielleicht auch das Falsche. Zu seinen Gunsten nimmt V. W. an, dass er zu den drei Millionen Flüchtigen gehört hätte und darum auch unter anderen Umständen geworden wäre, wer er heute ist: V. W.

Kürzlich hatte V. W. einen heftigen Streit mit seinen hochrangigen politischen Freunden, die ihm in letzter Zeit oft kurzsichtig, wenn nicht vernagelt vorkommen und in ihm zuweilen den Verdacht aufkommen lassen, ihre politischen Fähigkeiten seien für Krisenzeiten einfach nicht ausgelegt. Er, V. W., hält die ganze Diskussion über den nächsten Bundespräsidenten zwar für übertrieben, aber wenn die Wellen nun schon so hoch schlagen, gibt es für ihn nur einen Kandidaten, mit dem sie sicher zu glätten sind, und das ist dieser Jens Reich. Der Mann ist Naturwissenschaftler, denkt rational, die Menschen im Osten, auch Leute wie T. O., denen man immerhin Respekt schuldet, hätten ihren Repräsentanten, das aufgeschreckte Ausland könnte sich wieder beruhigen und, für die Wählerschaft im Westen nicht zu unterschätzen, der Reich ist katholisch, ein wahrer Lichtblick unter der Heerschar politisierender protestantischer Pfarrer aus dem Osten. Zudem hätte er gehört, dass dieser Reich eine ganz außerordentliche Frau haben soll, intelligent, gutaussehend, Ärztin, Mutter dreier wohlgeratener Kinder; darüber müsse man sich schließlich im Klaren sein: Die Ehefrau wählt man immer mit. So vernünftig ist V. W.

4. Der gelehrige Ostmensch, G. O., der uns hoffen lässt, die psychologischen Schwierigkeiten der Vereinigung mögen sich endlich aus der Banalität eines Ost-West-Konflikts lösen, um sich der herzzerreißenden, die Menschen seit jeher treibenden Frage aus Kurt Schwitters' ›Anna Blume‹ unterzuordnen: Wie verbessere ich meine Lage?

G. O. war nie in der Partei oder war doch in der Partei, ist aber früh ausgetreten oder auch nicht. Er war Diplomingenieur in der volkseigenen Industrie oder Handwerker in einer Genossenschaft und hat schon lange vor dem Ende der DDR gewusst, dass dieses System zum Untergang verurteilt ist. Wie die gewirtschaftet haben, sagt G. O. und lacht, als erinnere er sich gerade an eine Szene zwischen Dick und Doof. Und als dieser Scheißstaat, wie G. O. ihn leidenschaftslos nennt, endlich zu Bruch gegangen war, wusste G. O. vor allem eins: Er musste sein Schicksal von dem seines verrotteten Betriebes und dem seiner Kollegen schnell abkoppeln, denn dass dieser Schlampenverein nur Pleite machen konnte, stand für ihn, der zwanzig Jahre in ihm gearbeitet hatte, außer Zweifel. G. O. war damals fünfundvierzig Jahre alt und wusste, dass er keine Zeit zu verschwenden hatte. Er meldete sich für fünf Kurse an, um zu lernen, was er als selbständiger Unternehmer wissen musste, warf einen prognostischen Blick auf die sich verändernden Bedürfnisse seiner Mitmenschen, entschied sich für das Jalousiengewerbe und beantragte einen Kredit. Inzwischen hat G. O. es geschafft. Demnächst wird er eine Filiale in einem Außenbezirk eröffnen und arbeitet gerade einen jungen Mann ein, den er sorgfältig, sehr sorgfältig, sagt G. O., für diese Aufgabe ausgewählt hat. Er hätte gern einem alten Freund geholfen, der jetzt arbeitslos ist, aber schließlich ist er Geschäftsmann und nicht das Sozialamt; diese Leute um die fünfzig sind nun mal den alten Trott gewöhnt und dann noch unter Freunden, nein, er braucht einen kreativen, innovativen Mitarbeiter, der auch ein bisschen was von Marketing versteht und dem man nicht erst erklären muss, was ein Computer ist.

Für ihn, G. O., sei die neue Zeit ja fast zu spät gekommen, noch ein paar Jahre, und es wäre vorbei gewesen. Wenn er unter einer Sache zu DDR-Zeiten wirklich gelitten hat, dann war es die Unmöglichkeit, kreativ zu sein. Er selbst kennt mindestens ein Dutzend Ingenieure, die depressiv geworden sind, weil sie nur stümpern durften, statt zu arbeiten. Wir, sagt G. O., wir, die technische Intelligenz, haben schon lange gewusst, dass der Laden zusammenbrechen muss. Wenn man nicht mal die Schrauben hat, um einen Staubsauger zusammenzudrehen, wie will man dann einen ganzen Staat zusammenhalten. Aber für uns hat sich ja niemand interessiert. Leute wie Günter Grass und Günter Gaus haben sich von Schriftstellern erzählen lassen, was im Turbinenbau los ist, und darum dachten sie '89 auch, die DDR könnte alleine weiterwurschteln. Gott sei Dank haben Kohl und der Geheimdienst auch nicht mehr gewusst, vielleicht hätten sie sonst vor Schreck doch noch verzichtet, sagt G. O.

Die Genugtuung, die es ihm bereitet, endlich kreativ und innovativ zu sein, lässt sich an seinem unstillbaren Drang ermessen, die Wörter ›innovativ‹ und ›kreativ‹ auszusprechen; und wenn G. O. einem Kunden einen Kostenvoranschlag unterbreitet und zum Preis sagt: Inklusive Mehrwertsteuer, muss man glauben, er hätte sein ganzes Berufsleben lang nichts anderes getan. Er achtet auf sein Outfit; dass weiße Socken längst nicht mehr in waren, hat er früher als andere gemerkt, einmal in der Woche geht er ins Fitnesscenter, anschließend ins Solarium. Mit seinen westlichen Geschäftspartnern hat er keine Probleme, bis jetzt jedenfalls nicht. Obwohl, sagt G. O., obwohl er während einer Reise in die Türkei auch Westdeutsche kennengelernt habe, die ihn behandelt hätten, als müssten sie seine Reise bezahlen. Wer es im Westen wirklich zu was gebracht hat, sagt G. O., der hat es gar nicht nötig, uns aus dem Osten so zu behandeln. Aber die armen Schlucker von so einer Billigreise in die Türkei müssen angeben, als wären sie Herr Mercedes persönlich. Und eins weiß G. O. genau: Wäre er schon vor dreißig Jahren im Westen gewesen, würde er heute first class fliegen und wäre wahrscheinlich der Chef von diesen Kleinsparern im Reihenhaus.

Mit denen, fürchtet G. O., wird es noch viel Ärger geben, wenn das Geld vielleicht nicht mal mehr für die Türkei reicht, jedenfalls nicht zweimal im Jahr. Allein darum hält er es für keine gute Idee, einen Bundespräsidenten aus dem Osten zu wählen, den die Westler immer nur verdächtigen würden, Vorteile für den Osten rausschlagen zu wollen. Außerdem braucht der kleine Mann, sagt G. O., und es ist deutlich zu hören, dass er selbst sich zu den kleinen Männern nicht zählt, braucht der kleine Mann einen Präsidenten, der schon äußerlich etwas darstellt, der eine würdige Erschei-

Berlin-Mitte im Frühjahr 1990

nung ist, wie der Weizsäcker eben, das will der kleine Mann haben und nicht diesen Hänfling aus Sachsen. Es könne auch ruhig eine Frau sein, wenn sie nur eine Erscheinung ist. Und das gäbe es im Osten nicht; eine richtige Erscheinung sein, hätte man dort nicht lernen können, höchstens in der Kirche. G. O. würde Hamm-Brücher wählen oder Rau, und erst beim nächsten Mal einen aus dem Osten.

(1993)

Mein Postamt

Während der Berliner Reichstag in seiner Verkleidung schön und glitzernd auf der Wiese zwischen Brandenburger Tor und Spree stand, konnte man hoffen, von jetzt an sei es mit der Misslaunigkeit der Berliner vorbei. Ab jetzt, konnte man glauben, wissen sie wieder, was sie tun und wie sie sein müssen, damit es sich in ihrer Stadt leben lässt wie in Hamburg, Köln oder Frankfurt. Plötzlich schien es möglich, gegen die schlechten Nachrichten über die russische und asiatische Mafia, über zu erwartende Wählerstimmen für die PDS anzuleben. Selbst die Fusion mit den Brandenburgern ließ sich anders vorstellen als die endgültige Verostung West-Berlins. Zwei Wochen simulierte Berlin weltstädtisches Leben mit weltstädtischen Bewohnern. Sogar die Ladenschlusszeiten gerieten ins Wanken. Nichts, dachte ich, wird nach Christo sein wie davor.

Bis ich es nicht vermeiden konnte, die Dienste meines Postamtes in Anspruch zu nehmen. Ich würde hier nicht darüber sprechen, dürfte ich glauben, mein Postamt sei einzigartig schlecht. Da mir aber, sobald ich irgendeinem Menschen von meinem Postamt erzähle, derjenige sehr ähnliche Geschichten von seinem Postamt erzählt, was zwar an der Schlechtigkeit unserer Postämter nichts ändert, allen Klagenden aber die Herzen erleichtert, beschreibe ich auch Ihnen einmal, wie es auf meinem Postamt so zugeht. Ich will mich gar nicht dabei aufhalten, dass natürlich die meisten Schalter geschlossen sind und vor den beiden geöffneten lange Schlangen stehen, das ist wohl normal. Aber die Damen, es sind meistens Damen, hinter der Glasscheibe verdienen eine genauere Beschreibung. Fast alle haben diesen besonderen Blick, der den Kunden darüber aufklärt, dass sein Begehren als lästig, geradezu aufdringlich empfunden wird, dass seine Wünsche nur widerwillig erfüllt werden und dass er im Fall der Beschwerde Gefahr läuft, gar nicht bedient zu werden. Natürlich ist mir dieser Blick gut bekannt, denn ich komme aus dem Osten, wo jeder, der etwas zu vergeben hatte, was andere unbedingt brauchten, genauso guckte.

Obwohl dieser Blick in mir schmerzliche Erinnerungen an vierzig Jahre seelischer Misshandlungen durch Verkaufs- und Vergabepersonal wachruft, muss ich doch froh sein, wenn die Dame hinter der Glasscheibe in meinem Postamt den ihren mir zuwendet, weil ich dann sicher sein kann, dass sie meinen Wunsch, der eine Brief möge per Eilboten, der andere hingegen per Einschreiben befördert werden und nicht umgekehrt, auch wirklich zur Kenntnis nimmt.

Es kommt aber auch vor, dass sie sich, statt mir ihren ungnädigen Blick zuzuwenden, mit einer ihrer Kolleginnen unterhält, die mit einer Tasse Kaffee in der Hand den Gang hinter den Schaltern entlangschlendert und, weil sie gerade ein schönes Wochenende hinter sich oder vor sich hat, ihre Freude oder Vorfreude mit meiner Schalterdame teilen möchte. In meinem Postamt herrscht offenbar ein angenehmes Betriebsklima, das man durch Außenstehende nicht ohne weiteres beeinträchtigen lässt. Die Kolleginnen nehmen einander auch leidenschaftlich in Schutz, falls es doch einmal zu verbalen Ausschreitungen durch Kunden kommt.

Kürzlich erregte ein Herr Unwillen, weil er ein dreiseitiges Fax aufgeben wollte. Das Faxgerät steht in einem anderen Raum, so dass die Beamtin extra aufstehen und sogar die Schalterhalle verlassen musste und erst nach zehn Minuten zurückkam, was auch die übrigen Kunden verständlicherweise gegen den Herrn mit dem Fax aufbrachte. Als der Herr dann auch noch wissen wollte, warum ein dreiseitiges Fax dreizehn Mark und fünfzig kosten sollte, und er sich mit der Antwort, es handele sich schließlich um eine Dienstleistung, nicht zufriedengeben wollte, sondern behauptete, auch der Telefondienst sei eine Dienstleistung, ohne dass sie mit einem dreihundert- oder fünfhundertprozentigen Aufschlag belegt werde, wurde natürlich auch die Kollegin am Nachbarschalter ärger-

18. März 1990 in Prenzlauer Berg, am Tag der ersten demokratischen Wahl in der DDR

lich. Schließlich könne der Herr auch zum Bahnhof Zoo fahren, da sei es billiger.

Ich frage mich, wie es möglich ist, dass es auf einem Postamt in Schöneberg oder Wilmersdorf haargenau so zugeht, wie es auf dem Wohnungsamt in Pankow oder im Centrum-Warenhaus am Alex zugegangen ist, als dort noch der Staat der Arbeiter und Bauern herrschte, was die orts- und zeitüblichen Umgangsformen wenigstens erklärte. Da vor allem die Arbeitsbedingungen der Werktätigen zu erleichtern waren, konnte der jeweils Werktätige mit jedem im Moment gerade nicht werktätigen Bittsteller umgehen, wie es ihm für die zu beanspruchende Erleichterung seiner Werktätigkeit angemessen schien. Wenn der Bittsteller einige Stunden später selbst wieder werktätig war, durfte er genauso verfahren und so weiter. Wie die Sache ausging, ist bekannt.

Mein Postamt steht aber in West-Berlin, und ich kann nicht glauben, dass alle, die dort arbeiten, aus dem Osten sind. In dem Wort ›Post‹ ist zwar das komplette Wort ›Ost‹ enthalten, aber eine Erklärung ist das auch nicht.

Manchmal bedaure ich, dass ich niemals Sehnsucht nach der alten DDR habe, weil keine Sehnsucht so leicht zu stillen wäre wie diese. Ich müsste nur um die Ecke auf mein Postamt gehen.

(1994)

Zwei Brüder

Zwei Brüder haben vor langer Zeit ein Verbrechen begangen, einen Raubmord oder einen Banküberfall, bei dem es Tote gab. Der eine, Helmut, entkam mit der Beute; der andere, Manfred, wurde geschnappt. Während der Jahre im Gefängnis träumte Manfred von der Freiheit und dem ihm zustehenden Anteil, den Helmut inzwischen für ihn verwahrte. Helmut schickte Päckchen, kam manchmal auch selbst und versprach Manfred, ihn nach den Knastjahren für die stellvertretend abgesessene Zeit und die treue Verschwiegenheit brüderlich zu entschädigen. Helmut hatte von dem erbeuteten Geld ein Unternehmen gegründet, das er und seine Familienmitglieder mit Fleiß und Intelligenz zum Erfolg geführt hatten. Er war ein ehrbarer Mann geworden, der Manieren und Englisch gelernt hatte. Die Kinder spielten Klavier und Tennis. Als Manfred endlich aus dem Knast entlassen wurde, richtete Helmut ihm eine Wohnung und ein gut ausgestattetes Bankkonto ein und versprach ihm sogar eine Filiale des Unternehmens, sobald Manfred die Grundlagen des Geschäftslebens erlernt haben würde.

Nach dem ersten Glück der Freiheit begann Manfred zu rechnen und kam zu dem Ergebnis, dass ihm nicht nur eine Filiale, sondern das halbe Unternehmen zustand, da er, wäre er wie Helmut in Freiheit gewesen, es mindestens zu gleichem Wohlstand gebracht hätte.

Helmut wusste, dass Manfred sein Recht, wenn es denn eins war, vor keinem Gericht hätte einklagen können. Und außerdem, aber darüber sprach Helmut natürlich nicht, wäre Manfred, dieser Knastbruder, gar nicht imstande gewesen, ein Unternehmen wie das seine zu führen. Er konnte ja nicht einmal richtig mit einem Computer umgehen. Und dieser Dialekt, den Helmut und seine Frau sich längst abgewöhnt und den seine Kinder gar nicht erst gelernt hatten. Manfred spürte, dass Helmut sich vor seinen Geschäftsfreunden für ihn genierte. Nachdem er sich anfangs wirklich bemüht und sogar ein Buch zum Zwecke der Verfeinerung seiner Umgangsformen gelesen hatte, konnte er diesem Getue, wie er es nannte, dauerhaft keinen Sinn abgewinnen, zumal er davon überzeugt war, dass man gute Freunde eher im Knast als unter Helmuts reichen Gästen finden konnte. Nach einiger Zeit suchte er wieder die Gesellschaft ehemaliger Mithäftlinge, mit denen er sich wenigstens über alte Zeiten unterhalten konnte, von denen Helmut nichts mehr wissen wollte.

Dieser Umgang seines Bruders beunruhigte Helmut, der Manfred die Filiale inzwischen wirklich übertragen hatte und ihm für den Anfang sogar einen Geschäftsführer, den er anderenfalls allerdings in den Vorruhestand geschickt hätte, zur Seite stellte. Er beschwor Manfred, seine Kontakte zur Halb- und Unterwelt aufzugeben, weil sonst der gute Ruf der Firma auf dem Spiel stünde. Manfred, der es nach den Knastjahren satthatte, sich bevormunden zu lassen, und zudem davon überzeugt war, dass er und nicht Helmut der Held des Familienstücks war, trieb es daraufhin noch schlimmer. Er setzte sogar einen ehemaligen Scheckbetrüger, mit dem er einige Zeit in einer Zelle gesessen hatte, als seinen Stellvertreter ein, der, das muss um der Gerechtigkeit willen gesagt sein, letztlich weniger Schaden anrichtete als der von Helmut übernommene Geschäftsführer, dem Manfreds rührende Ahnungslosigkeit die unwiderstehliche Gelegenheit bot, seinen nahenden Ruhestand präventiv zu verschönern.

Während Helmut mit seinem Bruder immerhin die Erinnerungen an die gemeinsame Kindheit und das schlechte Gewissen wegen der delegierten Knastjahre verbanden, betrachteten seine Kinder diesen biertrinkenden Onkel mit dem Knastkoller nur mit kaum verborgenem Widerwillen. Mochte ihr Vater mit diesem Kerl verwandt sein, sie nicht. Als dann noch bekannt wurde, dass Manfred im Gefängnis andere Häftlinge bei den Wärtern denunziert hatte, um sich selbst das Leben zu erleichtern, verdüsterte die Verachtung auch Helmuts brüderlichen Blick.

Aber vielleicht hätten Helmut und seine Familie sich trotzdem mit Manfred und seiner knastbedingten Zurückgebliebenheit abfinden können, wäre er nicht so ein miserabler Geschäftsmann gewesen und hätte man die Verluste seiner Filiale nicht ständig aus dem Unternehmenskapital begleichen müssen. Es war kein schönes Familienleben mehr. Kaum ein Gespräch, das nicht mit Manfred begann oder wenigstens bei ihm endete, denn Manfreds Anspruch, gleichberechtigter Teilhaber zu werden, bedrohte die sicher geglaubte Zukunft eines jeden Familienmitglieds.

Am unglücklichsten aber war Manfred selbst; verraten vom eigenen Bruder, der ihm vorenthielt, was ihm zustand, und ihn stattdessen mit Almosen abzuspeisen versuchte, der ihn behandelte wie einen Idioten und sich wegen ein paar geplatzter Verträge ins Hemd machte. Es tröstete ihn auch nicht, dass es keinem seiner Kumpels, die er aus dem Gefängnis kannte, ähnlich gutging wie ihm. Die hatten schließlich auch nicht dem eigenen Bruder den Knast erspart, damit der inzwischen um drei Klassen aufsteigen konnte und nun nicht mehr wissen wollte, wo und mit wem er mal angefangen hat. Für die Warnungen seiner Freunde, er möge den Bruder nicht überfordern, weil der sonst möglicherweise Pleite machen könnte, was auch Manfreds Schaden wäre, hatte Manfred nur ein bitteres Lachen. Der vergoldet sich seine Türklinken von meinem Geld, sagte er, und ich soll ihm dafür noch dankbar sein.

Manfreds Undankbarkeit war ein häufiges Gesprächsthema in seiner Abwesenheit. Wenn Manfred mit am Tisch saß, formulierte man es vorsichtiger. Weißt du, Manfred, sagte Helmuts Frau dann manchmal, wir erwarten wirklich keine Dankbarkeit, aber …, und dann konnte es vorkommen, dass Manfred sagte: Das wäre ja auch noch schöner, und so weiter und so weiter, kurz: Man mochte sich nicht, und Helmut dachte zuweilen heimlich, dass es besser gewesen wäre, wenn Manfred noch ein paar Jahre länger im Knast hätte bleiben müssen oder wenn er, Helmut, ihn wenigstens nicht in die Familie aufgenommen hätte, was Manfred, den die Demütigungen der Haftzeit allen neuerlichen Kränkungen gegenüber empfindlich und reizbar hatten werden lassen, durchaus spürte.

Alle hofften auf die Zeit. Mit den Jahren würde Manfred sich den Anforderungen des Lebens in der Freiheit schon gewachsen zeigen und sich allmählich auch zivilisieren. Eine Frau wäre dabei sehr hilfreich, dachte Helmut. Und Manfred nahm sich vor, es Helmut und seiner Brut zu zeigen. Er war immer ein besserer Schüler gewesen als Helmut, und wie man Geschäfte macht, hat er schließlich auch im Knast lernen können. Noch zwei, drei Jahre, und die würden sich wundern.

Obwohl Manfred sich tatsächlich gelehrig und arbeitsam zeigte, schrieb seine Filiale immer wieder rote Zahlen, was natürlich an Helmuts betrügerischem Geschäftsführer und Manfreds fehlbesetztem Scheckbetrüger lag, von der ganzen Familie aber in stummer Übereinkunft Manfred angelastet wurde. Nur Rudolf-Stefan, Helmuts jüngster, als aufsässig geltender Sohn, der den Geschäftsführer seines Vaters noch nie hatte leiden können und ihn schon lange der Unredlichkeit verdächtigte, nutzte seine guten Beziehungen zu einigen Sekretärinnen in Manfreds Filiale, prüfte über das Wochenende die Unterlagen und wartete am Montag beim Frühstück mit der Behauptung auf, sowohl der Geschäftsführer als auch der Scheckbetrüger wirtschafteten schlampig, wenn nicht gar zum eigenen Vorteil, und er sei nicht gewillt, länger mit anzusehen, wie schließlich auch sein Erbe von Gaunern und Nichtskönnern verplempert werde. Wenn dieser neue Onkel zu dämlich oder zu blauäugig sei, müsse man sich eben selbst kümmern. Helmut, im Herzen froh, dass Rudolf-Stefan endlich aussprach, was er selbst längst befürchtete, rügte seinen Sohn zwar wegen des anmaßenden Tons gegenüber dem vom Leben gebeutelten Onkel, gab aber zu, dass er in Zukunft die Geldbewegungen der Filiale genauer kontrollieren müsse. Nur Helmuts Frau, von der bis dahin alle geglaubt hatten, dass sie die heftigste Abneigung gegen Manfred hegte, empörte sich plötzlich über die Herzlosigkeit und Verleumdungswut ihres Sohnes, die nur dazu führe, dass die Familie niemals zusammenwachsen und niemals in Frieden miteinander leben werde. Niemand verstand ihren unerwarteten Sinneswandel, weil natürlich niemand wusste, dass sie vor Jahren mit dem Geschäftsführer ein nicht sonderlich leidenschaftliches, aber längere Zeit währendes intimes Verhältnis verbunden hatte, von dem sie nun fürchtete, es könnte, wenn erst einmal ein Skandal ins Rollen käme, ruchbar werden.

Manfred hielt die Beschuldigungen gegen den Geschäftsführer und den Scheckbetrüger für einen ausgeklügelten Trick der Helmut'schen Familie, um ihn aus dem Unternehmen zu drängen. Er glaubte sogar, dass der Geschäftsführer nur bei ihm eingeschleust worden war, um ihn, Manfred, der Unfähigkeit zu überführen, denn wenn der Geschäftsführer wirklich ein Betrüger war, hätte Helmut es am ehesten wissen müssen. Wenn er es aber nicht gewusst hat, sollte er gefälligst erst einmal die eigenen Bilanzen überprüfen und nachrechnen, welchen Schaden der Kerl bei ihm selbst angerichtet hat.

Rudolf-Stefan, dessen Aufklärungsdrang vor allem

von der Sorge um seine Erbschaft und von seiner Antipathie gegen den Geschäftsführer getrieben war, verstand nicht, warum Manfred, für den er neuerdings sogar ein Gefühl wohlwollenden Mitleids in sich entdeckte, seinen Zorn ausgerechnet gegen ihn richtete. Es stimmte zwar, dass er sein Erbteil lieber für sich behalten hätte, als es mit diesem wildfremden Verwandten zu teilen, aber wenn der es nun schon haben musste, sollte er wenigstens clever damit umgehen. Rudolf-Stefan studierte Betriebswirtschaftslehre und hätte dem Onkel ein paar gute Tipps geben können. Helmuts Frau verhinderte die Entlassung des Geschäftsführers mit der Begründung, man dürfe Manfred nicht unnötig demütigen, was Manfred ermutigte, darauf zu bestehen, dass auch der Scheckbetrüger, als einziger Vertrauter seines vergangenen Lebens, sein Stellvertreter blieb. Helmut seufzte und beschloss, stillschweigend einen weiteren Überprüfer einzustellen, der sich hoffentlich seines Geldes wert erweisen und mindestens das Doppelte einsparen würde.

Als Helmut und seine Frau am späten Abend zu Bett gingen, fragte Helmut: Was ist eigentlich mit dir und diesem Geschäftsführer?, worauf er aber keine Antwort bekam.

Manfred saß um diese Stunde, umringt von seinen Kumpels aus dem Knast, beim siebenten Bier in seiner alten Stammkneipe. Er bestellte die nächste Runde für alle und sagte: Die lassen dich immer spüren, woher du kommst, und wenn du zehnmal der eigene Bruder bist. Und alles nur, weil er damals dichter an der Tür gestanden hat als ich, sonst hätte er gesessen, und ich wäre heute reich.

Als einer der Kumpels sagte: Du wärst bestimmt noch reicher, Manne, liefen einige Tränen aus Manfreds rotgeäderten Augen. Aber ich hätte alles, alles mit ihm geteilt, sagte Manfred. Klar, sagten die Kumpels und schlugen schweigend die Augen nieder.

(1995)

Denkmal für die Deutsch-Sowjetische Waffenbrüderschaft
am Sportplatz der Roten Armee in Neuruppin

Vortrag in Japan

Wenn eine politisch-historische Ordnung zusammenbricht, nennen wir, vom Tag des Neubeginns an, die gerade beendete Zeit Vergangenheit. Als der deutsche Nationalsozialismus geschlagen wurde, war ich vier Jahre alt und hatte, gemeinsam mit allen Deutschen, schon eine furchtbare Vergangenheit.

Meine Mutter hatte, als sie drei Jahre alt war, mit dem Land, in dem sie lebte, einen Krieg verloren, auch wenn sie das Kind polnischer Eltern war. Als sie achtzehn war, gehörte von einem Tag auf den anderen die erste deutsche Republik der Vergangenheit an. Als sie dreißig war, endete die Diktatur, und alle sprachen von der Zukunft. Die Generation meiner Mutter hat zu viele Vergangenheiten ertragen müssen, um sich mit einer Gegenwart begnügen zu können.

Unsere Eltern, die nach der nationalsozialistischen Diktatur schuldbeladen zwischen den Trümmerbergen ihrer Städte erwachten, haben lange den Blick zurück auf den Schrecken verweigert, im Westen wie im Osten.

Im Westen zwangen die erwachsenen Kinder mehr als zwanzig Jahre später ihre Eltern, Antworten zu geben auf Fragen, die diese sich selbst nicht hatten stellen wollen: Habt ihr es gewusst? Wart ihr die Mörder? Oder warum habt ihr es zugelassen?

Im Osten schlug man die Erbschaft einfach aus und ernannte das gesamte Staatsvolk der DDR zu dem besseren, dem antifaschistischen Teil der Deutschen. Indem die neuen Herrscher ihrer Bevölkerung die Auseinandersetzung mit der alten Diktatur ersparten, machten sie sie unempfindlich für die nächste.

Seit 1989 liegt auch hinter uns, was in einem Teil Deutschlands seit 1945 im Namen der Zukunft angerichtet wurde: die zweite deutsche Diktatur, die vierzig Jahre lang zwischen Vergangenheit und Zukunft regierte, und zuweilen scheint es, als hätte erst jetzt, da sie zerbrochen ist und die Ergebnisse ihrer Herrschaft offen zutage liegen – zerstörte Seelen, zerstörte Landschaften, eine zerstörte Wirtschaft –, ihre geistige Gegenwart begonnen. Es gehört zum Wesen einer Diktatur, dass sie die öffentliche Diskussion über sich selbst nicht zulässt. Sie unterdrückt den Verständigungs- und Selbstverständigungsprozess einer Gesellschaft nicht nur; sie stellt ihn unter Strafe. Erst wenn die materielle Existenz der Diktatur beendet ist, kann ihre geistige nachgeholt werden. Und so haben wir in Deutschland fünf Jahre nach der Vereinigung und fünf Jahre nachdem wir endlich in einer Gegenwart angekommen waren, manchmal das Gefühl, unter dem Regime der Vergangenheit zu leben.

Wir haben neue Gesetze, ein neues Wirtschaftssystem, eine neue Währung, ein neues Telefonnetz, neue Eisenbahnen, neue Briefmarken, die Polizei hat neue Uniformen. Aber die Menschen mit ihrer Schuld und den erlittenen Demütigungen, mit ihren unerfüllten Träumen und abgebrochenen Lebenswegen sind die alten.

Der Nationalsozialismus hatte Deutschland schuldig an der Welt gemacht. Wie wir mit unserer Schuld umzugehen hatten, entschieden wir nicht nur selbst. Es wurde uns auch auferlegt. Zur Sühne gehörte, dass siebzehn Millionen Deutsche weitere vierzig Jahre unter einer anderen Diktatur zu leben hatten, in der sie wieder schuldig wurden, diesmal nur an sich selbst. Diesmal müssen wir selbst herausfinden, wie wir mit der traurigen Hinterlassenschaft umgehen wollen.

Die Auseinandersetzung mit dem Nationalsozialismus hat der deutschen Sprache das Wort Vergangenheitsbewältigung beschert. Eine Vergangenheit muss bewältigt werden. Zuweilen habe ich den Eindruck, sie soll überwältigt werden: Sie soll gefangen, ausgepeitscht, an den Pranger gestellt und zur Abschreckung in einem Gitterkäfig ausgestellt werden; wie etwas, das wir selbst nicht sind.

Ich habe den Untergang des Staates DDR bejubelt und bejuble ihn noch immer. Es gibt nichts, gar nichts, was ich von ihm erhalten wissen möchte. Und keinen der alten Staatsdiener wünsche ich auf dem Stuhl wiederzufinden, auf dem er vor dem kläglichen Ende dieses Staates saß. Trotzdem erscheint mir der Feldzug gegen das Vergessen unmenschlich.

Meine inzwischen achtzigjährige Mutter fand kürzlich bei der Suche nach alten Fotos einen Briefwechsel, den sie vor mehr als fünfzig Jahren mit einer deutschen Behörde geführt hatte und der ihre angedrohte Ausweisung nach Polen betraf. Meinen Großvater, der Jude war, hatte man bereits ausgewiesen. Er kam in ein Ghetto und wurde dort ermordet. Meine Mutter, in Deutschland geborene Polin und nach den nazistischen Rassengesetzen Halbjüdin, kämpfte in diesem Briefwechsel um ihr Leben. Später hat sie das vergessen. Als sie die Briefe jetzt wiederfand, machte ihr Vergessen sie zunächst ratlos. Wahrscheinlich, sagte sie, hat sie es vergessen wollen, nachdem sie den Krieg und die zwölf Jahre Faschismus überlebt hatte und nachdem für sie das Überleben wieder zur Normalität geworden war.

Auch der spanische Schriftsteller Jorge Semprún sprach in seiner Rede anlässlich der Verleihung des Friedenspreises 1994 durch den Börsenverein des Deutschen Buchhandels von seinem Vergessen, ohne das er, nach seinen Erlebnissen als Häftling im Konzentrationslager Buchenwald, nicht hätte weiterleben können.

Niemand verwehrt den Opfern ihr unschuldiges Vergessen.

Nicht vergessen darf, wer kein Opfer war, wer mitschuldig geworden ist, weil er feige war oder nur nicht mutig, wer das Unrecht geduldet und es vielleicht sogar zu seinen Gunsten ausgenutzt hat.

Aber entspringt das Vergessenwollen der Schwachen, der Schuldiggewordenen, nicht einer ähnlichen Not wie das der Opfer?

Die Demütigungen, die das Wissen um die eigene Schande und das eigene Versagen bereitet, wollen ebenso vergessen sein wie die Demütigungen, die man vom Gegner ertragen musste. Vielleicht müssen die Menschen, ehe sie den Erinnerungen standhalten können, sich der Möglichkeit weiterzuleben vergewissert haben.

Wenn unserem Körper ein unerträglicher Schmerz zugemutet wird, verweigert er das Bewusstsein. Wir fallen in Ohnmacht, bis der Körper den Schock reguliert hat. Vielleicht ist das Vergessen die Ohnmacht der Seele; vielleicht müssen wir eine gewisse Zeit abwarten, ehe wir uns gefahrlos erinnern können.

Als die Deutschen sich nach 1945 der öffentlichen Reflexion über ihre Schuld verweigerten, begannen sie, ihr zerstörtes Land aufzubauen. Sie räumten die Trümmer weg, buken Brot, druckten Zeitungen, gingen wieder in Konzerte. Nach und nach organisierten sie wieder ein normales Leben. Vielleicht lag das Bekenntnis ihrer Schuld nur in der unterlassenen Klage, mit der sie die Hinterlassenschaft des verlorenen Krieges annahmen. Ich habe das vor zwanzig, auch vor zehn, vielleicht sogar vor fünf Jahren noch anders gesehen, wenn mich auch die Unbarmherzigkeit der westdeutschen achtundsechziger Generation gegenüber ihren Eltern immer erschreckt hat. Ich glaube, wer halbwegs bewusst unter dem kommunistischen Regime lebte, wusste zu viel über das menschliche, auch über das eigene Versagen, um denen, die einer ungleich härteren Diktatur unterworfen waren, jedes Verständnis und Mitleid zu verweigern. Trotzdem haben mich erst der Zusammenbruch der DDR und die absonderliche psychische Reaktion eines großen Teils ihrer Bevölkerung an dem Wert eines rigorosen Moralismus zweifeln lassen.

Als die Mauer zwischen den beiden Teilen Deutschlands fiel, schien die staatliche Einheit für die meisten Ostdeutschen ein Ziel ohne Alternative zu sein. Gewiss spielte dabei die Aussicht auf größeren materiellen Wohlstand eine nicht geringe Rolle. Es war aber auch die Chance, der eigenen lächerlichen Staatsbürgerschaft zu entkommen. Andere Völker nannten sich Franzosen, Dänen, Japaner, selbst die Völker des Ostblocks durften sich Polen, Bulgaren oder Tschechen nennen. Die Ostdeutschen hießen DDR-Bürger. Sie waren ein Volk ohne Vergangenheit, ohne historische Identität, ein nationaler Homunkulus, unechte Deutsche mit der unechten Mark in der Tasche, im Gegensatz zu ihren glücklicheren Nachbarn, den echten Deutschen mit der echten Deutschen Mark.

Später, als die Begeisterung vieler in Unmut umschlug, boten die unterschiedlichen Lebensverhältnisse in Ost und West, die höhere Arbeitslosigkeit und geringeren Löhne im Osten, ein wohlfeiles Argument für alle Seiten, die Enttäuschung zu erklären. Man hätte sich den versprochenen Aufschwung schneller und perfekter vorgestellt, sagten die Enttäuschten und diejenigen, die sich aus politischer Überzeugung oder aus politischem Kalkül zu ihren Sprechern machten.

Ich weiß nicht, welche Fehler sich hätten vermeiden lassen. Ich glaube aber, dass die Bevölkerung der DDR genau gewusst hat, dass ihre Betriebe zum großen Teil Schrotthaufen waren und ihre Städte ruinös. Mag sein, dass einige wirklich geglaubt haben, ein Kanzler schnipst mit dem Finger, und über Nacht beginnen die Landschaften zu blühen. Aber die tiefe Kränkung, die ein großer Teil der Ostdeutschen empfindet, lässt sich durch das Ausbleiben dieses Wunders nicht erklären.

Am 3. Oktober 1989 traten die Ostdeutschen der Bundesrepublik Deutschland bei und waren am 4. Oktober immer noch sie selbst. Aber plötzlich hatten sie eine Vergangenheit. Der Staat DDR, der, solange er gegenwärtig war, zur Identifikation nie getaugt hatte, zwang sich ihnen gegen ihren Willen als identitätsstiftende Vergangenheit auf.

Nachdem sich die absurde Ordnung, die sie vierzig Jahre diktatorisch regiert hatte, fast widerstandslos aufgelöst hatte, blieben die Herrscher und Beherrschten in einer nunmehr sinnlos gewordenen Spielanordnung zurück, wie Schachfiguren, denen man das Spielbrett entzogen hat. Die naheliegende Möglichkeit, eine solche Gesellschaft neu zu ordnen, bietet die Einteilung in Täter und Opfer, was voraussetzt, dass die Anzahl der zu bestimmenden Täter sich in Grenzen hält, damit das entlastete Volk in einem neuen vereinbarten Frieden gemeinsam weiterleben kann. So war auch der Wunsch der Ostdeutschen, ihre gestürzte Obrigkeit vor Gericht gestellt und verurteilt zu sehen, eine Voraussetzung ihrer eigenen Läuterung. Dass der Versuch, diesem archaischen Sinn für Gerechtigkeit zu entsprechen, in einer peinlichen Farce endete, lag an dem Anspruch, einer Diktatur mit den Mitteln des Rechtsstaates beizukommen, was dem Bemühen ähnelt, eine Suppe mit Messer und Gabel oder auch mit Stäbchen zu essen. Erich Honecker wurde die Ausreise nach Chile genehmigt. Erich Mielke, der Minister für Staatssicherheit und meistgehasste Mann der DDR, konnte nicht für seine Verbrechen in der DDR belangt werden, sondern für einen sechzig Jahre zurückliegenden Polizistenmord während der Weimarer Republik.

Stattdessen wurden Soldaten und Offiziere der Grenztruppen, die als Befehlsempfänger in meist jugendlichem Alter auf Flüchtlinge geschossen hatten, verurteilt. Das waren aber die Söhne derer oder das waren sie selbst, die sich als Opfer fühlten, weil man sie gezwungen hatte, unter Gesetzen zu leben, die aus einem ehrgeizigen Soldaten einen Verbrecher machen.

Dieses Maß für Täterschaft aber betraf zu viele, und die es anlegen durften, waren zu wenige oder aber, was schwerer wog, sie waren ihm nicht unterworfen, weil sie aus dem Westen Deutschlands stammten, also schon der Strafe für den verschuldeten und verlorenen Krieg entgangen waren und damit der Gefahr, neue Schuld auf sich zu laden.

Die Ostdeutschen haben Deutsche werden wollen und sind es auch geworden, aber eben Deutsche mit einer schmuddeligen Vergangenheit im Gegensatz zu den anderen Deutschen mit einer sauberen Vergangenheit. Die Forderung, alle Schuld und Verstrickung schonungslos offenzulegen, mag hoch moralisch sein, aber möglicherweise bringt sie gerade das hervor, wogegen sie gedacht ist: das Fortleben, sogar die Wiederbelebung eines alten, diesmal positiven Identitätsgefühls mit der untergegangenen DDR.

Vielleicht hätten die Ostdeutschen die Chance gebraucht, ihre Irrtümer und falschen Entscheidungen selbst zu erkennen, ihre Bereitschaft zur Korrektur zu beweisen, ehe sie gezwungen waren, ihre Biographien bloßzulegen. Dass in den fünf Jahren deutscher Einheit das Verständnis füreinander eher ab- als zugenommen hat, spricht dafür.

Eine Diktatur entmündigt ihre Bürger. Sie können als Staatsbürger nicht erwachsen werden. Erwachsenwerden braucht Zeit.

Der Rückfall vieler Ostdeutscher in eine nostalgische Verklärung der DDR erfüllt den, der den Bruch mit diesem Staat schon vor 1989 vollzogen hat, mit Unbehagen und Widerwillen, auch mich. Und ich befürchte, dass wir noch lange damit leben müssen.

Die Schuldigen und Mitläufer des Nationalsozialismus hatten, als sie gezwungen waren, Rechenschaft abzulegen, ihr Wirtschaftswunder schon vollbracht. Sie hatten ihren Kindern und der Welt schon zwanzig Jahre lang ihre Tüchtigkeit und Rechtschaffenheit bewiesen.

Ob ein vergleichbares Selbstbewusstsein den Ostdeutschen in den nächsten Jahren und Jahrzehnten zuwachsen wird, ist ungewiss. Sowohl das Geld als auch das Know-how für den Wiederaufbau des verrotteten Ostens kommt aus dem Westen, was von den Ostdeutschen gleichermaßen als Glück und Demütigung empfunden wird und darum immer als unzureichend.

Die Schwierigkeit, mit einer belasteten Vergangenheit umzugehen, liegt wohl in diesem heiklen Gleichgewicht zwischen Selbstbewusstsein und selbstkritischer Einsicht. Ein Volk wie auch der Einzelne braucht Selbstbewusstsein, um seiner Vergangenheit kritisch zu begegnen; und es braucht selbstkritische Einsicht, um selbstbewusst zu werden.

(1995)

18. März 1990 in Berlin-Pankow, DDR-Fahne auf Halbmast, am Abend nach der Wahl

WC

Im Osten nichts als Opfer?

Offenbar haben die Westdeutschen die 12,9 Prozent Sachsen-Anhaltiner DVU-Wähler gebraucht, um die Ostdeutschen endlich ernst zu nehmen. Acht Jahre lang haben sie ihnen ihr larmoyantes Gemaule über »die da oben«, ihre Fußtritte und Totschläge gegen »die da unten« nachgesehen als fatale Folgen ihrer autoritären Erziehung, ihrer mangelnden Bildung, ihrer Minderwertigkeitskomplexe.

Die Westdeutschen kamen in den Osten als Politiker, Mäzene, Glücksritter, Investoren, Spekulanten, als Lehrer und Richter, in jedem Fall als Erwachsene. In den Ostdeutschen sahen sie Menschen, denen man helfen musste oder die man übers Ohr hauen konnte, die man belehren oder bekehren oder bestrafen musste, auf jeden Fall Unterlegene, was den Tatsachen entsprach. Die Unangenehmsten unter den Westdeutschen waren für mich immer die, die es am besten meinten oder das zumindest vorgaben, die Therapeuten, die alles verstanden, die unter solchen Verhältnissen sicher selbst zu Schuften geworden wären, die in der Treuhand das wahre Übel sahen und in Helmut Kohl einen Rattenfänger, der die arglosen Kinder mit süßen Flötentönen ins Verderben lockte. Es waren nicht nur die Linken, deren passageres schlechtes Gewissen, das sie sich mit ihrer »Utopie DDR« oder mit ihrem Desinteresse an ihr redlich verdient hatten, sich nun im verspäteten Mitgefühl für die Ostdeutschen aufblähte.

Es waren auch Leute, die ein moralischer Reflex auf die Seite der Schwächeren zwang, was sicher ehrenwert war, aber nicht unbedingt hilfreich. Die meisten Westdeutschen aber schienen den Klagen der Ostdeutschen hilflos ausgeliefert. Sie genierten sich ob des eigenen Wohlstands; wo sie Selbstbewusstsein gewohnt waren, trafen sie auf mitleidheischenden Jammer oder infantilen Trotz. Und natürlich schämten sie sich – zu Recht – der eigenen räuberischen Abgesandten, der Hasardeure und Betrüger. Was immer sie damals gehindert hat, mit den Ostdeutschen zu streiten wie unter Gleichen, es war falsch. Sie haben sich einschüchtern lassen durch das kindische Schimpfwort »Besserwessi«, statt den Streit zu wagen, wo sie sich im Recht glaubten oder nicht verstanden, wofür sie sich zum Verständnis genötigt fühlten.

Vielleicht hätte eine beherzte Auseinandersetzung nicht nur den wachsenden Unmut der Westdeutschen verhindert, sondern der ostdeutschen Gesellschaft auch bei ihrer politischen und kulturellen Differenzierung geholfen. Der Osten war von Anfang an nicht homogen. Und der Osten war von Anfang an nicht nur, wie der Westen ihn sah. Aber das Bild, das der Westen sich vom Osten machte, war das, was er in den Medien auch darstellte und verbreitete, bis alle es für das gültige nahmen, sogar die Ostdeutschen.

Als ich mich 1992 in einem Artikel öffentlich zu meiner »Zonophobie« bekannte, reagierten ungefähr so viele Menschen zustimmend wie empört, und zwar im Osten wie im Westen. Wenn mein Eindruck damals richtig war, leidet die eine Hälfte der Ostdeutschen unter der anderen Hälfte der Ostdeutschen nicht weniger als die Westdeutschen unter vermeintlich allen Ostdeutschen. Für diese Ostdeutschen kommt zu dem Leid auch noch das Unrecht, in den allgemeinen, wenig Gutes assoziierenden Begriff »die Ostdeutschen« aufgesogen und so ihrer besten Eigenschaft, ihrer Lust an der Freiheit, am Aufbruch, am Risiko beraubt zu werden.

Sie hatten es seit 1990 unter ihren Landsleuten nicht leicht. Der Druck, der – besonders in akademischen Kreisen – auf jeden ausgeübt wurde, der die Jahre nach der Vereinigung nicht als Demütigung und die Bundesrepublik nicht als Besatzungsmacht empfinden wollte, wirkte als moralische Erpressung, und viele, die trotz der zu erwartenden Schwierigkeiten befreit und glücklich waren, wagten nicht, darüber zu sprechen. »Dir kann ich wenigstens sagen, wie froh ich bin und wie gut es mir geht.« Diesen Satz habe ich damals oft gehört. In dem öffentlichen Bild von den Ostdeutschen fehlt diese Hälfte. Wo ist sie geblieben? Hat sie dem Druck inzwischen nachgegeben und eingestimmt in die allgemeine Klage? Ist sie einfach eingetaucht in das neue Leben und tut, was ihr vorher verboten war? Ist sie unerkennbar geworden als ostdeutsch und wird längst dem Westen zugeschlagen? Von dieser Hälfte jedenfalls spricht die Öffentlichkeit nicht, wenn sie von »den Ostdeutschen« spricht. Und so bleiben die Ostdeutschen in der westdeutschen Wahrnehmung dumpf, stumpf, rechtsradikal, tölpelhaft und undemokratisch, dazwischen hin und wieder eine tüchtige sächsische Unternehmerin, ein tapferer Landwirt aus Mecklenburg und natürlich die nicht mehr gedopten, aber immer noch erfolgreichen Sportler.

Mit dieser Hälfte, die nicht nach einem halben Jahr vergessen hatte, wem die ruinöse Hinterlassenschaft zu verdanken war, die wusste oder wenigstens ahnte, dass auch jahrzehntelanges Schweigen Mitverantwortung bedeutet, die kein neues Wir-Gefühl aller Ostdeutschen brauchte und die Westdeutschen nicht als neues Feindbild, mit dieser Hälfte der Ostdeutschen hätten die Westdeutschen sich verbinden können, jedenfalls der Teil von ihnen, dem es um die Vereinigung und nicht nur um den Gewinn an ihr ging. Und eigentlich verstehe ich bis heute nicht genau, warum es nicht dazu kam. Stattdessen wurden Allianzen geschlossen, die jedem, der mit den östlichen Biographien vertraut war, vorkommen mussten wie die Hochzeit zwischen Füchsin und Hahn.

Die Elite der Marktwirtschaftler suchte ihre Verbündeten unter den Eliten der Planwirtschaftler.

Westdeutsche Anwälte, berühmt für die Verteidigung des Presserechts, also der Freiheit des Wortes, verteidigten plötzlich Hermann Kant gegen die Veröffentlichung seiner Missetaten.

In Talkshows avancierten die Würdenträger der alten DDR zu den neuen Opfern der Nation und klagten öffentlich mit einer Chuzpe, die ihren ehemaligen Staatsbürgern den Atem nahm, ihre demokratischen Rechte ein.

Wissenschaftler, die bis dahin für die Autonomie der Wissenschaft gekämpft hatten, solidarisierten sich mit den Repräsentanten der gegängelten und dienstbaren Universitäten des Ostens. Heiner Fink wurde zur Symbolfigur eines Unrechts, das die westdeutschen Okkupanten den ostdeutschen Verlierern antaten.

In der Gleichsetzung aller Ostdeutschen mit den Verlierern der Einheit und aller Westdeutschen mit den Siegern liegt die mutwillige oder leichtfertige, die sentimentale oder von Gruppeninteressen geleitete Missinterpretation des ost-west-deutschen Konflikts.

Die Verlierer der Einheit waren vor allem und zu Recht die Teilhaber der Macht; und die Sieger waren alle, die diese Macht nicht länger ertragen wollten.

Die politischen Parteien und Berufsverbände der Bundesrepublik setzten ihren eingeübten Kampf auf neuem Terrain fort. Wer im Westen gegen Kohl war, musste auch im Osten gegen Kohl sein, und wenn er sich dafür mit Markus Wolf verbünden musste. Die Gewerkschaften verteidigten ihre West-Tarife, auch wenn dabei den röchelnden Betrieben im Osten endgültig die Luft ausging. Die FDP, um die Interessen ihrer westlichen Wählerschaft zu wahren, setzte die verheerende Regelung »Rückgabe vor Entschädigung« durch und sorgte damit für einen Ausbruch von Existenzangst und Hass. Linke Anwälte wie Schily und Becker verteidigten die Demokratie gegen den alten Feind, den kapitalistischen Staat, indem sie die Täter einer Diktatur vor ihren Opfern schützten.

Die Parteien befehdeten und beschuldigten sich gegenseitig, als hätte die SPD tatsächlich den Zusammenbruch der ostdeutschen Wirtschaft verhindern können und den flächendeckenden Wohlstand im Osten anknipsen können wie das Licht im Wohnzimmer. In diesen Kämpfen, begleitet von triumphierenden Berichten der Medien über den Niedergang der ostdeutschen Industrie und dem schadenfrohen Anmahnen der blühenden Landschaften, formte sich langsam das doppelgesichtige Bild vom Ostdeutschen als Opfer.

Ein Gesicht gehört den Arbeitslosen, das andere den ehemaligen Teilhabern der Macht, die so unversehens wieder zu Sprechern aller Unzufriedenen ernannt wurden, auch der Arbeitslosen, deren Betriebe unter ihrer Herrschaft zu Schrotthaufen verkommen sind. In einem Land, in dem die politische Meinungsbildung sich vierzig Jahre lang nur als dumpfer Groll gegen die Obrigkeit vollzog, dessen geistige und politische Elite Jahrzehnt um Jahrzehnt abwanderte, lässt sich zwar über Nacht ein demokratisches System installieren, aber nicht ein demokratischer Geist. Es gibt keine Demokratie ohne den Willen ihrer Bürger, verantwortlich zu sein für das eigene Leben und die Verhältnisse, die es umgeben. Das setzt Selbstbewusstsein voraus, und das schafft Selbstbewusstsein. Den Ostdeutschen fehlt es im achten Jahr der Einheit nicht an Autos, nicht an Wohnraum, nicht an Nahrung, Kleidung und Bildungsmöglichkeiten, es fehlt ihnen vor allen Dingen an Selbstbewusstsein. Das werden ihnen keine Milliarden ersetzen. Noch weniger hilft es, sie von der Verantwortung für ihre Entscheidungen, auch für ihre Wahlentscheidungen, freizusprechen. Arbeitslosigkeit und ein nicht eingelöstes Kanzlerwort sind keine hinlängliche Erklärung für Rohheit, Dummheit und politischen Wahn, auch nicht für eine Atmosphäre, in der sich das ausbreiten kann. Wenn sich ein Teil der Ostdeutschen, wie sie oft betonen, als Menschen zweiter Klasse fühlen, dann nicht, weil sie immer noch weniger Lohn bekommen.

Die Werteskala, die sie deklassiert, legen sie selbst an. Die Polen auf den Spargelfeldern von Beelitz, die intelligenten polnischen Mädchen, die in Berlin putzen gehen, lassen den Gedanken an Zweitklassigkeit gar nicht aufkommen, und vermutlich fühlen sie sich auch als erstklassige Polen, die einfach mehr Geld brauchen, als sie haben. Welche Klasse gestehen die zweitklassigen Ostdeutschen eigentlich den Polen, Tschechen und Ungarn zu, die alle weniger Geld verdienen als sie? Ein polnischer Lehrer verdient umgerechnet 300 Mark, während ostdeutsche Lehrer mit Beamtenbezügen den nostalgischen Müll von einer autonomen sozialistischen Vergangenheit in die Hirne ihrer Schüler kleistern.

Die Wahlen von Sachsen-Anhalt, scheint es, haben die Ostdeutschen in den Augen der Westdeutschen strafmündig werden lassen. Das nörgelnde Kind hat sich ausgewachsen zu einem, das sie erschrecken kann.

Aber das schlechte Gewissen der Westdeutschen ist aufgebraucht, und die Dankbarkeit der Ostdeutschen hat sich längst in Wut verwandelt. Und jetzt? Was machen wir jetzt?

Man wird den neuen Menschen, den geläuterten

Ostdeutschen nicht ausrufen können: Besinnt euch, gründet Initiativen, Selbsthilfegruppen, Kleinunternehmen, Parteien oder Kegelvereine; das wird nicht helfen. Sie sind, wie sie sind, und so werden sie auf absehbare Zeit auch bleiben.

Selbst auf die nächste Generation dürfen wir nur zur Hälfte hoffen, weil wir uns entschlossen haben, die Kinder auch in der Zukunft Lehrern zu überlassen, die zu den treuesten und verbohrtesten Staatsbürgern der DDR gehörten.

Aber man kann das Bild vom greinenden und gekränkten Ostdeutschen um seine fehlende Hälfte ergänzen. Dann wird sich zeigen, dass die Grenzen, die im psychopolitischen Atlas der Medien noch immer die Ost-West-Grenze markieren, längst mitten durch den Osten laufen. Das seelische Gleichgewicht der Ostdeutschen beruhte auf ihrer Gleichheit: Sie verdienten gleich wenig, sie waren gleich geduckt, gleich eingesperrt, gleich ohnmächtig. Inzwischen haben die einen Macht, die anderen nicht, die einen Arbeit, die anderen nicht, die einen viel Geld, die anderen wenig, die einen lernen, die anderen nicht.

Das einseitige Bild vom Ostdeutschen als Opfer – als Opfer seiner Vergangenheit, als Opfer von Kohl, als Opfer der Treuhand, der Industrie, der Immobilienmakler, der Drückerkolonnen, der eigenen Dummheit, als Opfer von allem und jedem – haben die

Bitterfeld im März 1990

Medien selbst geschaffen, weil nur das der eigenen politischen Überzeugung entsprach oder weil nur die schlechte Nachricht als gute Nachricht gilt oder einfach aus Lust an der Katastrophe. Es ist Zeit, dieses Bild zu korrigieren. Sicher haben die Ostdeutschen inzwischen ihre eigenen Betrüger und Spekulanten und brauchen die aus dem Westen gar nicht mehr. Allein die Gewissheit, für dieses Leben nicht zu gut und damit auch nicht zu schlecht zu sein, könnte ihr Selbstbewusstsein stärken.

(1998)

Penkun hinter der Mauer

Zeitungen wollen im Gespräch sein. Um im Gespräch zu bleiben, müssen sie etwas anderes ins Gespräch bringen, am besten etwas, auf das man immer wieder einmal zurückgreifen kann, wenn sich Aufregenderes nicht findet. Eine dieser lohnenden Erfindungen war »die Mauer in den Köpfen«, nachdem die wirkliche Mauer gefallen war. Ich weiß nicht, ob einer das Wort zuerst benutzt hat oder ob es, weil es so nahelag, vielen gleichzeitig eingefallen ist, jedenfalls war es plötzlich überall zu hören und zu lesen, und seitdem wissen wir, dass, was den Westdeutschen und den Ostdeutschen aneinander unverständlich oder auch nur unsympathisch ist, an der Mauer liegt, die sie im Kopf herumtragen; und weil das nicht *eine* Mauer ist, sondern *die* Mauer, ist sie unüberwindlich. Da am liebsten von der »Mauer in *unseren* Köpfen« geschrieben wird, heißt das wohl, dass jedem, auch dem Schreiber selbst, so ein Ding über Nacht mitten durchs Hirn gewachsen sein muss, wo es frühere Denk- und Lernwege nun schon seit zehn Jahren versperrt.

Die Formel von den vermauerten Köpfen birgt in sich die Theorien von den zwei deutschen Kulturen und den zwei deutschen Sprachen. Die Existenz zweier deutscher Sprachen wird für gewöhnlich bewiesen mit den Wörtern »Datsche«, das vorwiegend von Funktionärskreisen benutzt wurde, »Kaufhalle«, das als Unterart des Supermarkts auch im Westen bekannt ist, und natürlich »Plaste«, ein Begriff aus der Chemie, geprägt in den zwanziger Jahren, im Osten später so beibehalten, im Westen amerikanisiert zu Plastik und für das wahre Deutsch gehalten.

Natürlich entwickeln Ideologien und Bürokratien ihre eigenen Sprachen, aber kein Mensch ist je auf die Idee gekommen, das Kauderwelsch der Maoisten, Trotzkisten und sonstiger -isten und -istinnen als eine dritte oder vierte oder fünfte deutsche Sprache zu bezeichnen. Auch das gibt die deutsche Sprache her, wenngleich fünfundneunzig Prozent der Bevölkerung vielleicht nicht verstehen, wovon da eigentlich geredet wird.

Als Deutschland noch geteilt war, haben die Ostdeutschen über das Wort »geflügelte Jahresendfigur«, die atheistische Umschreibung des Weihnachtsengels, allein gelacht, weil die Westdeutschen es gar nicht kannten. Inzwischen lachen die Westdeutschen über die Blödheit der Ostdeutschen, die alle einen Weihnachtsengel geflügelte Jahresendfigur genannt haben, weil sie in ihrer anderen Kultur und Sprache wohl vergessen hatten, dass er Weihnachtsengel heißt.

Der Sozialismus hat in Ostdeutschland nicht eine andere, sondern eine zerstörte Kultur hinterlassen. Die vielzitierten Theater, Verlage, Orchester haben die Verwahrlosung der öffentlichen Umgangsformen, des herrschenden Geschmacks nicht verhindert, sie haben die Abwesenheit der Öffentlichkeit nicht ausgleichen und eine zivile Gesellschaft nicht befördern können. Außer von dem autoritären Reglement wurde das öffentliche Leben in der DDR von einem proletarisch-kleinbürgerlichen Gestus bestimmt, der nach dem Zusammenbruch des Systems als deutlichstes Charakteristikum übrigblieb und im kulturellen Verständnis offenbar für die Verwirrung gesorgt hat.

Ab und zu passiert es, dass ein gebildeter westdeutscher Mensch mir erklärt, warum er sich mit jedem Franzosen oder Italiener besser verstehen könne als mit den Ostdeutschen. Manchmal, wenn ich gerade einmal wieder eine Wahlprognose für die PDS gehört habe oder die neueste Horrornachricht aus dem Land Brandenburg, sage ich, ich könne ihn gut verstehen. Manchmal werde ich ein bisschen ärgerlich und frage, wie viele französische Bauern oder Fiat-Monteure oder Arbeiter aus dem Ruhrgebiet derjenige zu seinen Freunden zählt. Und manchmal sage ich auch, dass ich schließlich selbst aus dem Osten sei, worauf mein Gegenüber dann sagt: Aber Sie sind ja nicht richtig ostdeutsch. Genauso ergeht es meinen ostdeutschen

Freunden, die auch alle nicht richtig ostdeutsch sind. Ein richtiger Ostdeutscher ist nämlich larmoyant und nostalgisch oder dumpf und rechtsradikal, undemokratisch und wahrscheinlich sogar demokratieunfähig. Wer das alles nicht ist, ist auch nicht ostdeutsch; der gehört zu uns, zu uns aus dem Westen.

Ich will nicht behaupten, dass dieses schlichte Bild des Ostdeutschen von den Medien geschaffen wurde, aber dazu beigetragen haben sie gewiss. Die einen, weil sich Unglücks- und Schreckensbilder besser verkaufen lassen; die anderen, weil sie wie die übrige westdeutsche Gesellschaft auch ihre gewohnten Kämpfe auf einem neuen Feld einfach fortsetzten. Jeder Konflikt wurde zum Ost-West-Konflikt. Welche Professoren lehren durften, welche Journalisten weiter schreiben sollten, wer die öffentlichen Angelegenheiten verwalten sollte, ob mit den Stasi-Akten so oder so verfahren werden sollte, alles wurde zum Ost-West-Konflikt deklariert, als hätte es nicht im Interesse der Ostdeutschen gelegen, den Geist der DDR aus den Hörsälen, Redaktionen und Leitungsetagen zu verbannen. Der wahre Ostdeutsche, so konnte es scheinen, war der Vertreter der alten Macht, und wo er aus dem Amt gejagt werden sollte, geschah ihm Unrecht. Damit wurde die eine Hälfte der Ostdeutschen auf die Opferfigur der deutschen Einheit reduziert und die andere Hälfte der Ostdeutschen ihres Konfliktes mit dem alten System und seinen Repräsentanten enteignet.

Wer verantwortet eigentlich, dass die ostdeutsche Lehrerschaft, eine in ihrer Mehrzahl besonders deformierte und obrigkeitsergebene Berufsgruppe, bis auf wenige Ausnahmen im Schuldienst bleiben durfte und bis heute den Kindern die Köpfe mit nostalgischem Unfug verkleistern darf?

Vor kurzem erklärte der Hannoveraner Kriminologe Christian Pfeiffer den Zusammenhang zwischen der autoritären frühkindlichen Erziehung in der DDR und der Empfänglichkeit ostdeutscher Jugendlicher fur den gewalttätigen Rechtsradikalismus. Als die Mauer fiel, waren die Rechtsradikalen von heute fünf bis zehn Jahre alt. Vielleicht war ja entscheidender für den traurigen Befund, dass sie später, im vereinten Deutschland, Lehrern überlassen blieben, die nicht willens oder nicht imstande waren, die soziale Verunsicherung und politischc Orientierungslosigkeit vieler Eltern auszugleichen, die in den Kindern eher das Gefühl nährten, sie gehörten zu den Besiegten, die etwas verloren haben, als dass sie ihnen erzählt hätten, was das Leben in einer Diktatur bedeutet, was das war, das ihnen erspart bleiben würde.

Aber warum ist das eigentlich ein Ost-West-Konflikt und nicht ein Konflikt zwischen der Schule und denen, die unter ihrer eigenen Schulzeit und der ihrer

Kinder in der DDR gelitten haben? Oder ein Konflikt zwischen den verklärungssüchtigen Lehrern und jenen, die es ja auch gab, die sich ihre geistige Unabhängigkeit oder wenigstens die Sehnsucht danach bewahrt hatten und die nach 1989 hofften, jetzt sei ihre Zeit gekommen, nun würde auch an den Schulen die Stunde der Wahrheit eingeläutet?

Warum war plötzlich die Würde aller Ostdeutschen in Gefahr, wenn korrumpierten Lehrern und Professoren der Einfluss auf heranwachsende Generationen entzogen werden sollte? Wie konnte es überhaupt passieren, dass die drei Viertel der Ostdeutschen, die weder PDS noch DVU wählen, in der öffentlichen Wahrnehmung fast verlorengingen?

Seit fast zwanzig Jahren verbringe ich die Sommer in einem Dorf in Mecklenburg-Vorpommern, dicht an der polnischen Grenze, vor dem Krieg einmal das Umland von Stettin, jetzt ein entlegener Zipfel, am ehesten bekannt durch Meldungen des Verkehrsfunks über die Wartezeiten am Grenzübergang Pomellen. Einmal hat das Fernsehen hier einen Film gedreht, in dem es um die Alkoholiker der Gegend ging und um die Alkoholberatungsstelle. Und zweimal hat eine große Zeitung über ein Nachbardorf berichtet; zum ersten Mal, als das Ost-Geld in West-Geld getauscht wurde, und zum zweiten Mal acht Jahre später, um festzustellen, dass das Ehrenmal für die gefallenen sowjetischen Soldaten von irgendwem noch immer liebevoll gehegt wurde und der Bauer noch weniger Zähne im Mund hatte als beim ersten Mal,

Außer der flachhügeligen Endmoränenlandschaft gab und gibt es nur wenig Schönes in unserer Gegend, und was es gibt, das war verfallen, verhunzt und verkommen. Aus dem Dach des Penkuner Schlosses, einem Renaissancebau aus dem sechzehnten Jahrhundert, wuchsen die Birken, und in die sieben Seen um die Stadt – Penkun war eine Wasserburg – flossen die Exkremente von zehntausend Schweinen. Bis 1990. Dann wurden die Schweineställe geschlossen, Penkun, mit 1600 Einwohnern die kleinste Stadt der DDR, bekam eine Kanalisation, das Dach des Schlosses wurde auch bald gedeckt. Ein Penny-Markt wurde in den Lagerhallen des ehemaligen Agrochemischen Zentrums eröffnet, ein Gewerbegebiet wurde gebaut, in dem sich bis heute nur ein Gewerbe und die Autobahnpolizei angesiedelt haben, auf dem Marktplatz war jetzt zweimal in der Woche Markt, und dann, schien es, passierte nichts mehr oder nur noch ganz langsam, oder ich habe es nur nicht bemerkt.

Vielleicht lag es ja an dem schönen Sommer, oder ich hatte es einfach satt, immer nur alles schrecklich zu finden, jedenfalls musste ich in diesem Jahr oft an Helmut Kohl und seine blühenden Landschaften denken, die seit zehn Jahren für immer denselben Witz herhalten müssen, obwohl sie eigentlich gar kein Witz mehr sind und möglicherweise nie einer waren. Zuerst fand ich die erste Ausgabe des ›Penkuner Amtsblatts‹ im Briefkasten, sechzehn Seiten im DIN-A4-Format, gesponsert vom Papier-Laden, der Eisdiele, dem Gasthaus und dem übrigen Penkuner Gewerbebund, in dem die kulturellen Ereignisse des Sommers angekündigt wurden, der neue Pfarrer sich vorstellte, der Kulturverein seine Wiederauferstehung bekanntgab.

Dann sah ich die neue ockerfarbene Fassade des Schlosses, dessen Turm nun wieder als Wahrzeichen über das Städtchen ragt und ihm ein Stück seiner Geschichte zurückgibt. In den unteren, provisorisch renovierten Räumen waren eine Fotoausstellung über das Alte Pommern und eine über Japan zu besichtigen. Das kleine Museum im Torhaus gab es schon im vorigen Jahr. Und ein türkischer Kulturverein aus Berlin richtet demnächst eine Teestube im Schloss ein, weil vor mehr als hundert Jahren einmal acht Bürger muslimischen Glaubens in Penkun gelebt haben.

Vielleicht muss man die Gegend vorher gekannt haben, um glücklich zu sein, wenn sich hier ein Förderverein für Schlossveranstaltungen gründet, wenn man wenigstens in einem der sieben Seen wieder baden kann, wenn neben jedem Geschäft am Marktplatz ein andersfarbiger Rosenstock blüht, wenn die Straßen gepflastert werden, wenn man im Gasthaus plötzlich wirklich gut essen kann und von einer französischen Germanistikstudentin bedient wird, einer Abgesandten der Penkuner Partnerstadt Fors und ein ganz unverhoffter Einbruch südwestlichen Charmes in die nordöstliche Sprödigkeit; wenn allmählich etwas lebt und sichtbar wird, das ein normales soziales und kulturelles Kleinstadtleben zu werden verspricht, wenn auch langsam, wie alles in dieser Region, von der Bismarck behauptete, dort würde selbst der Weltuntergang mit hundertjähriger Verspätung stattfinden.

Die Kieswege um das sowjetische Ehrenmal im Nachbarort werden immer noch geharkt, die Zahl der Arbeitslosen ist hoch, und rechtsradikale Skinheads versuchen auch hier, Angst und Schrecken zu verbreiten. Vermutlich würde ein Journalist, der für Hamburger, Münchner oder Frankfurter Leser aus dieser kleinsten aller ostdeutschen Städte berichten sollte, eher darin ein lohnendes Thema sehen als in diesen rührenden, im Vergleich belanglos anmutenden Details, die zudem, wie mir genuine Westdeutsche erzählen, noch zu Beginn der sechziger Jahre in westdeutschen Dörfern und Kleinstädten ganz ähnlich zu beobachten waren; womit ich wieder bei der »Mauer in unseren Köpfen« und den zwei Kulturen angekommen bin. Der Osten ist also nur der verspätete Teil der ohnehin verspäteten deutschen Nation.

Vielleicht ist es ja die Peinlichkeit des Guten, die einen Journalisten, der sich in der Regel als kritischer Journalist versteht, daran hindert, auch das Gewordene zu benennen und nicht nur das Fehlende, die Gemeinsamkeiten zu suchen und nicht nur das Andersartige zu belächeln. Das alltägliche Gute ist nicht aufregend, nicht ungewöhnlich, nicht witzig, es gibt keine Pointe her, und auch der Schreibende kann daran eher seine Gefühligkeit beweisen als seine Intelligenz. Wenn ich die zarten Anfänge des Penkuner Bürgerlebens beschreibe, empfinde ich das ebenso, zumal sich jeder Lobende dem Verdacht aussetzt, er sei beauftragt, gar genötigt oder verfolge eine bestimmte politische Absicht.

Kürzlich habe ich gehört, dass ein Mensch, den man vor zehntausend Jahren eingefroren und der durch Zufall überlebt hätte, heute in aufgetautem Zustand, ohne größere Problemc als wir alle, den Führerschein machen könnte. Es ist also nicht anzunehmen, vierzig Jahre Sozialismus hätten die Ostdeutschen zu einer anderen, nur mühsam in die westliche Kultur zu übersetzenden Spezies werden lassen. Die Metapher »Mauer in den Köpfen« suggeriert, es handele sich dabei um etwas Unabwendbares, zwar nicht Natürliches, aber einem Naturereignis Ähnliches, das uns, als wären wir mit Blindheit geschlagen, nicht sehen lässt, was deutlich zu sehen ist.

Aber man muss keine Mauer im Kopf oder ein Brett davor haben, um die DDR und ihre Hinterlassenschaft als absurd und unverständlich zu empfinden. Das ging den meisten ihrer Bewohner so, solange sie darin lebten. Ein Viertel, vielleicht auch ein Drittel von ihnen hat das inzwischen vergessen; das unterscheidet sie von der Mehrheit. Trotzdem prägt dieses Viertel oder Drittel, in Zukunft vielleicht ein Fünftel oder Sechstel, das Bild des Ostdeutschen. So bleibt ostdeutsch ein Synonym für nostalgisch, larmoyant und undemokratisch und, was schlimmer ist, so werden die anderen drei Viertel, die mit den Nostalgikern so wenig verbindet wie die meisten Westdeutschen, diesem Bild zugeordnet und ihres eigenen Bildes beraubt. Es ist Zeit, in der öffentlichen Wahrnehmung nachzuholen, was in der Wirklichkeit schon vor zehn Jahren passiert ist: die Ostdeutschen aus ihrem Kollektivstatus endlich in die Individualität zu entlassen.

(1999)

Ehemalige Apotheke in Werder

Kirchweg
Michaelisstr.

Lebensentwürfe, Zeitenbrüche

In der Schule haben wir gelernt, unseren Lebenslauf zu schreiben. Ich sehe die Seite noch vor mir, die unterstrichene Überschrift: Lebenslauf, darunter kurz die wenigen Daten, die ein zwölfjähriges Leben hergibt: Geboren als Tochter der und des, Umzüge von hier nach da, Einschulung, Eintritt in die Pionierorganisation, das war's. Bis auf die Geburt waren das wohl die unwichtigsten Ereignisse im Leben einer im Krieg geborenen, im Nachkrieg und Kalten Krieg aufgewachsenen Generation, aber eben die eindeutigen, sicheren und darum benennbaren.

»Die Komponenten eines Lebenslaufs bestehen aus Wendepunkten, an denen etwas geschehen ist, was nicht hätte geschehen müssen. Das beginnt mit der Geburt«, sagt Niklas Luhmann.

Was aber, wenn wir einmal geboren sind, muss eigentlich geschehen? Dass wir wachsen, Zähne bekommen, sprechen lernen, in die Schule gehen? Gehört in die Schule gehen schon zum Geschehenmüssen? Wohl ja, jedenfalls hier, wo wir leben. Später müssen wir erwachsen werden, noch später alt bis zum ultimativen Muss, dem Tod.

Die sicheren, amtlichen Daten unseres Lebenslaufs sind also gerade nicht das, was unsere Biographie ausmacht. Sie sind das, was aller Voraussicht nach geschehen musste und eben auch geschehen ist. Was aber musste nicht geschehen, und wie erfahren wir, ob das, was geschehen ist, nicht hatte geschehen müssen?

Nach den Erkenntnissen der Naturwissenschaften, insbesondere der Hirnforschung, sind wir in der Gestaltung unserer Biographien sehr viel unfreier, als wir uns fühlen. Allein unsere gattungsgeschichtliche Prägung und unsere individuelle genetische Ausstattung bestimmen unser Werden in einem Maß, das uns alle Illusionen über die Kraft unseres Wollens austreiben könnte. Die endgültige Prägung erfahren wir vor allem während der ersten Lebensjahre, wenn unser Hirn im Kontakt mit der Welt die lebenswichtigen und lebensbestimmenden Verschaltungen und Verknüpfungen erstellt, ein Prozess, der sich langsamer fortsetzt bis zur Pubertät, von deren Ende an wir Gefangene unserer Veranlagungen, zufälligen Erfahrungen, unserer Herkunft und Erziehung sind.

Obwohl wir ahnen, sogar wissen, wie klein unser Spielraum zwischen Schicksal und Zufall ist, kämpfen wir verzweifelt um das Recht auf Verantwortung für unser Tun und Lassen und für unsere Verdienste und somit auch für unsere Schuld, um unsere selbstgestaltete Biographie.

Ob ein heranwachsender Mensch seinen Lebensentwurf am Leben seiner Eltern ausrichtet oder eher in Opposition zu ihnen, liegt vermutlich an der Verträglichkeit der Temperamente (sofern die Eltern das ihrem Temperament gemäße Leben führen), an ersten Lieben und idealbildenden Einflüssen der Außenwelt. Ich kenne allerdings Menschen, die in dem Bemühen, der elterlichen Prägung zu entkommen, alle Gefahrenpunkte wie ein Slalomläufer umfuhren, so dass sie am Ende doch die gleiche Figur hinterließen, nur in einer anderen Spur. Selbst wenn sie das Gefühl hatten, ihren eigenen Lebensentwurf zu verwirklichen, folgten sie doch einem anderen Plan, der, wie es scheint, unentrinnbar in ihnen angelegt war.

Aber was ist überhaupt ein Lebensentwurf? Was kann er sein? Jugendliche Lebensentwürfe reichen meistens nur für das erste Drittel, höchstens für die Hälfte unserer Lebenszeit und enthalten selten mehr als den gewünschten Beruf und eine der Person angemessene diffuse Vorstellung von Glück. Wahrscheinlich haben wir eher eine Idee von uns selbst als von dem Weg, den wir gehen müssen; und wahrscheinlich ist dieses Bild größer, schöner und siegreicher, als wir je werden können. Mag sein, dass unser erster Selbstentwurf einem Vorbild gleicht oder dass er nur einen von untauglichen Bildern umgebenen Leerraum darstellt, wie das Negativ einer Fotografie. Auf jeden Fall, sofern nicht außerordentliche Erfahrungen oder Lebenskatastrophen uns frühe Selbständigkeit abverlangen, zeichnen wir das erste Bild von uns noch als Kinder unserer Eltern, als Schüler unserer Lehrer.

Um an meinem Misstrauen in die Freiheit unserer Selbsterfindung und in biographische Wahrheiten keinen Zweifel zu lassen, will ich noch auf unseren unwiderstehlichen Drang verweisen, unseren Lebensgeschichten nachträglich, wenn das, was geschehen musste, und das, was nicht hätte geschehen müssen, zu unserem Leben verschmolzen sind und wir unseren Erstentwurf vergessen oder nach und nach unseren Möglichkeiten angepasst haben, diesem aus unzähligen Quellen zusammengeflossenen Verlauf unserer Lebenszeit einen Sinn zu geben, indem wir ihm eine Kausalität erfinden und damit uns selbst eine erzählbare Biographie.

Als die euphorische Phase der deutschen Einheit verflogen war und statt der erhofften Verbrüderung Misstrauen und Ressentiments die Gespräche bestimmten, wenn nicht gar verhinderten, forderte Richard von Weizsäcker die Deutschen auf, einander ihre Biographien zu erzählen, um das gegenseitige Verständnis zu befördern.

Ich hatte damals nicht den Eindruck, dass es an biographischen Mitteilungen gemangelt hätte, allerdings ohne die erwünschte Wirkung. Im Gegenteil: Es schien sogar, als ob die ostdeutschen Lebensberichte über Stasiverfolgung, Bildungsbehinderung, Berufsverbote oder auch nur den alltäglichen Irrsinn, die, da sie ein eintöniges Leben beschrieben, zuweilen auch eintönig anzuhören waren, die Westdeutschen bald langweilten, zumal sie selbst wenig zu Wort kamen. Nicht nur, dass die Ostdeutschen es sichtlich genossen, über die kleinen und großen Ärgernisse ihres Lebens, die sie bis dahin schweigend oder murrend hingenommen hatten, endlich öffentlich zu reden; sie erwarteten, zu Recht, das Interesse der Westdeutschen und forderten es, wenn es ihnen zu gering erschien, auch ein. Vielleicht kam ihnen ihr Leben, während sie es den ahnungslosen Westdeutschen zu erklären suchten, selbst so absurd und rückblickend sogar aufregend vor, zumal es durch den Glanz einer siegreichen Revolution verklärt wurde, dass die Biographien der Westdeutschen ihnen dagegen uninteressant und historisch von keinerlei Bedeutung erschienen. Jetzt, da dieses DDR-Leben abgeschlossen war und keine Probe aufs Exempel mehr zuließ, konnte man ihm, wie sonst nur in hohem Alter und kurz vor dem Tod, seine Rundung geben, die Brüche und losen Enden mit den Gewissheiten durch das erlösende Wort »weil« miteinander verbinden. In der Verschmelzung mit dem grandiosen historischen Ereignis, dem Sturz eines Regimes und dem Vollzug der nationalen Einheit, konnte jedes kleine Leben den Rang einer historisch bedeutsamen Biographie erringen, sofern es gelang, den eigenen Lebensfaden in die große Geschichte einzuflechten.

Wer in einer Diktatur, und sei es in einer gemäßigten, lebt, neigt dazu, was immer ihm geschieht oder nicht geschieht, dem anzulasten, der ungebeten in sein Leben eingreift. Misserfolge im Beruf, vergeudete Talente, gescheiterte Ehen, schwere Krankheiten werden den äußeren Zwängen zugeschrieben, zu Recht und zu Unrecht auch. Verschwindet die Diktatur, bleiben die Menschen mit ihren als unzureichend oder gar als misslungen empfundenen Biographien allein zurück. Ein Teil von ihnen wird die Chance nutzen und nachholen, was ihnen vorher verwehrt war, für andere wird es zu spät sein. Und es gibt Verlierer eines solchen Umbruchs: die einen, weil sie die Aktivisten und Nutznießer der Diktatur waren, die anderen, weil sie erfahren, dass ihnen auch unter veränderten Verhältnissen nicht gelingt, wovon sie immer geträumt haben. Für sie ist der Gewinn der Freiheit verbunden mit dem Verlust ihres Selbstbildes. Die eigentliche Demütigung findet für sie erst jetzt statt, da sie der Illusion über sich selbst beraubt werden, und das verlangt geradezu danach, die bewährten Selbstrettungsmechanismen zu aktivieren, was bedeutet, dass wieder die Verhältnisse für das verantwortlich gemacht werden, was als das eigene Scheitern empfunden wird. In den neuen Verhältnissen werden die alten vermutet, nur in anderem Gewand.

Ich weiß nicht, wie oft ich in den letzten zehn Jahren den Satz gehört und gelesen habe, der kapitalistische Markt wirke ähnlich wie die Zensur in einer Diktatur. Das mag sogar stimmen, trotzdem haben der Markt und die Zensur nicht das Geringste miteinander zu tun. Wenn die Lyrik es auf dem Markt schwerhat, dann nicht, weil sie verboten ist, sondern weil zu wenig Leute sie lesen wollen, auch wenn es für den, dessen Gedichte nicht gedruckt werden, das Gleiche bedeutet.

Eine der nachhaltigsten Hinterlassenschaften der DDR ist wohl, dass sie ihre Bürger in einer Art Dauerpubertät gehalten hat. Ich sage das aus eigener Erfahrung. Wer ein Leben lang gehindert wird, die berechenbaren Folgen seines Tuns zu verantworten und im Dialog mit seiner Umwelt die eigenen Konturen und Grenzen zu erfahren, wird ein Leben lang nicht erwachsen werden, sondern sich, je nach Temperament, in infantilen Trotz, ziellose Rebellion oder andere Ausweichstrategien flüchten; die defensiven Talente werden bis zur Perfektion entwickelt, während die offensiven verkümmern. Ob jemand sich gegen solche Zumutung auflehnt oder nur versucht, sich ihr, soweit möglich, zu entziehen, entscheidet – das jedenfalls ist meine Erfahrung – weniger die politische Überzeugung, nicht einmal Mut, sondern wieder das Temperament. Wer als Staatsfeind endete, begann möglicherweise nur mit einem unbeherrschten Ausbruch gegen einen Lehrer oder Polizisten und setzte damit einen Mechanismus in Gang, der das Urereignis endlos reproduzierte, das Konfliktvolumen mit jedem neuerlichen Fall ausdehnte, bis der aufsässige Mensch sich außerhalb der Gesellschaft wiederfand, zu der er ursprünglich hatte gehören wollen, aber eben als der, der er war.

Der Hirnforscher Wolf Singer, der anlässlich des letzten Historikertages vor zwei Jahren zu Ihnen gesprochen hat, beschreibt die Reaktion von Menschen, die durch Augeninfektionen bei ihrer Geburt erblindeten und denen später, als es möglich wurde, durch Transplantationen der Hornhaut oder der Linsen die physiologischen Voraussetzungen für das Sehen wiedergegeben wurden. Aber sie blieben blind. »Sie hatten jetzt«, berichtet Singer, »zwar funktionstüchtige Augen, konnten aber mit den Informationen, die erstmals zur Verfügung standen, nichts anfangen. Viele Patienten empfanden das, was sie jetzt plötzlich wahrnehmen konnten, nicht als visuelle Eindrücke, sondern als Geräusche oder als etwas Schmerzhaftes, als etwas nicht näher Beschreibbares. Sie lernten nicht, sich in der Sehwelt zu orientieren, Räume auszumessen oder Objekte zu identifizieren. Viele dieser spätoperierten Patienten wurden tief depressiv, weil ihre Erwartungen nicht erfüllt wurden, und die meisten fielen in ihren Blindenalltag zurück und trugen wieder dunkle Brillen.«

Der Grund dafür sei, sagt Singer, dass in bestimmten Entwicklungsphasen nach der Geburt visuelle Signale fehlten, um die entsprechenden Verbindungen im Gehirn zu konsolidieren, und darum diese Verbindungen eingeschmolzen würden. Der Auswahlmechanismus missinterpretiere Verbindungen, die im Grunde funktionstüchtig seien, als sinnlos und vernichte sie. Dieser Vorgang sei irreversibel.

Der allegorische Gehalt dieses Falls rechtfertigt hoffentlich, dass ich, auf jedem Gebiet der Naturwissenschaft ein absoluter Laie, mich seiner bemächtige.

Ganz sicher lässt sich die Entwicklung unseres Sozialverhaltens nicht so klar und eindeutig nachweisen wie die unserer Sehfähigkeit. Es bildet sich nicht nur in einem Sinnesorgan und nicht nur an einem Partner; was der eine bestätigt, kann der andere verneinen. Trotzdem halte ich es für wahrscheinlich, dass bestimmte in uns angelegte Fähigkeiten, die dauerhaft nicht abgerufen werden, allmählich verkümmern und auch nicht mehr aktiviert werden können, wenn sie plötzlich gebraucht werden.

Die Fähigkeit der öffentlichen freien Rede war und

ist bei fast allen Menschen, die mehr als nur ihre frühe Jugend in der DDR verbracht haben, auffällig unterentwickelt. Die wenigen Ausnahmen sind in der Regel Pfarrer und Wissenschaftler, die in Predigten oder Seminaren und Vorträgen eine gewisse Übung und Routine erworben haben. Vielleicht waren schon darum kurz nach dem Mauerfall die Pfarrer in der Politik so auffällig überrepräsentiert.

Ich selbst, die ich mittlerweile in öffentlichen Auftritten geübt sein sollte, kann bis heute nur aus der Opposition frei sprechen, aber nicht konstruktiv. Erst wenn ich so ärgerlich bin, dass ich alle Hemmschwellen vergesse, ordnen sich die Gedanken, finde ich die richtigen Wörter und bekomme genug Luft. Da ich diese Unfähigkeit mit einigen Millionen Menschen der östlichen deutschen Regionen teile, halte ich sie nicht mehr für mein persönliches Defizit, sondern für eine infolge von Nichtbenutzung eingeschmolzene, ursprünglich funktionstüchtige, aber missinterpretierte Verbindung in meinem Gehirn.

Neben dem Bild von den Mauern in unseren Köpfen ist die Legende von den ihrer Biographien beraubten Ostdeutschen zum Topos unserer schwierigen Vereinigung geworden und hat sich, wie stetig wiederholte Behauptungen es an sich haben, mittlerweile scheinbar in eine unbestrittene Tatsache verwandelt, an der ich allerdings meine Zweifel habe.

Ein Mensch kann seiner Lebenschancen beraubt werden, er kann gewaltsam gehindert werden, sich eine Biographie zu schaffen, indem er eingesperrt wird oder sogar umgebracht. Aber sein gelebtes Leben kann ihm niemand mehr rauben, auch wenn es manch einem vielleicht gar nicht so unrecht wäre. Streitig machen kann man ihm aber die Deutungshoheit über seinen Lebenslauf, weil andere Menschen mit anderen Erfahrungen und Vorstellungen dieses Leben anders bewerten. Das mag nicht immer gerecht sein, aber es ist normal, Menschen machen sich Bilder von anderen Menschen, ohne genaue Kenntnis von deren Innenleben und ohne Rücksicht auf deren Selbstinterpretation. Männer machen sich ein Bild von Frauen und Frauen von Männern, Engländer von Deutschen, Deutsche von Amerikanern, Muslime von Christen, die Ostdeutschen von den Westdeutschen und die Westdeutschen von den Ostdeutschen. Vermutlich wird sich kaum einer der Porträtierten in seinem Abbild wiedererkennen, aber kaum einer wird auch behaupten, der andere habe ihm mit seiner Sicht auf ihn die Biographie geraubt, außer den Ostdeutschen, jedenfalls ein Teil von ihnen.

Es sind in der Regel nicht die ehemaligen Häftlinge von Bautzen oder Hoheneck, nicht die Ausgereisten oder reglementierten Dissidenten, sondern, abgesehen von den Stützen der Gesellschaft, die Dulder und Jasager, die sich, was keiner ihnen verdenken konnte, eingerichtet hatten zwischen Schrankwand und Farbfernseher, die Autoreifen für Mischbatterien getauscht und bei jeder Abstimmung den Arm gehoben haben, die sich morgens um vier nach einem Ferienplatz an der Ostsee angestellt haben, schimpfend und klagend, aber ohne sich zu wehren. Es liegt mir fern, den fehlenden Mut von damals einzuklagen, zumal das, was wir für Mut halten, oft nur mangelnde Anpassungsfähigkeit ist oder Angst vor der Feigheit. Wer ängstlich ist und nicht die Kraft verspürt, sich zu wehren, kann zu Mut nicht verpflichtet werden. Aber warum sehen gerade die Duldsamen von damals heute in den Westdeutschen die Räuber ihrer Lebensgeschichten; wie jemand, der jahrelang in einem dunklen Raum gelebt, sich mit Kissen und Teppichen warm und weich eingerichtet hat und dann, wenn jemand die Mauer durchbricht und Licht in den Raum fällt, beschämt erkennt, dass er in einer ziemlich unappetitlichen Umgebung gehaust und sich obendrein darin wohl gefühlt hat, und nun dem Licht die Schuld an seinem peinlichen Zustand gibt und dem Loch in der Mauer.

Die Ost-Berliner Mauer, die anfangs so unfassbar schien, dass auch ihre Befürworter an ihre Dauerhaftigkeit nicht glauben konnten, wurde mit den Jahren eine Normalität, eine empörende, unglaubliche Normalität. Weil niemand, der in der Stadt lebte, täglich und stündlich das Absurde seiner Situation ertragen konnte, nahm man die Mauer beim Durchqueren der Stadt hin wie alles andere, das Wege versperrte: Gebäude, Bahndämme, Werkmauern, bis irgendein Anlass den Schein des Normalen zerriss und der Irrsinn für kurze Zeit empfunden wurde, bis er wieder im Alltäglichen versank. Was nicht zu ändern ist und dauerhaft zu unseren gewohnten Lebensbedingungen gehört, nimmt, so unnormal es auch sein mag, allmählich die Gestalt des Normalen an, und wir verhalten uns dazu, wie es uns vernünftig erscheint, also so, dass wir und unsere Kinder möglichst gut überleben können. Als die Mauer fiel und die Bewohner der Stadt langsam wieder ihre Zusammenhänge erkundeten und der Nachbarschaften gewahr wurden, war der ganze Wahnsinn einer achtundzwanzigjährigen Normalität wieder so offenbar wie in den Tagen des Mauerbaus.

Die alte Normalität wurde ungültig wie altes Geld, und im Lichte einer anderen Normalität drängte sich die Frage auf oder wurde von außen aufgedrängt, warum und wie wir das alles so lange ertragen haben. Wer nicht mit sich selbst und den anderen ins Gericht gehen wollte, hatte nur die Möglichkeit, sich entweder als das Opfer einer unangreifbaren Machtmaschine zu beschreiben oder die Verhältnisse als annehmbare und darum zum Widerstand nicht zwingende. Mit beiden

Darstellungen aber beraubte er selbst sich seiner Biographie, denn die Machtmaschine war nicht unangreifbar, und die Verhältnisse waren, solange man nicht jeglichen Freiheitsdrang in sich erstickt hatte, nicht annehmbar.

Vielleicht ist es ja dieses dem Rückblick entspringende Missbehagen und das Bedürfnis, eine Erklärung zu finden für die eigene Duldsamkeit, was den Ostdeutschen die fremde Interpretation ihrer Vergangenheit so unerträglich macht. Wahrscheinlich wäre die Diskussion über die Biographien der Ostdeutschen offener und ergebnisreicher verlaufen, wäre sie in der medialen Öffentlichkeit nicht von Anfang an als Ost-West-Konflikt behandelt worden, sondern als das, was es während der vierzig Jahre davor war: ein Ost-Ost-Problem. Das hätte nicht nur die Mär vom innigen Zusammenhalt und der menschlichen Wärme aller DDR-Bewohner dem Gelächter einer anderen Erfahrung ausgesetzt; das hätte auch die PDS samt ihren Wählern als alleinige Repräsentanten des Ostens verhindert und stattdessen ein intelligenteres und souveräneres Bild der Ostdeutschen, eben des anderen Teils von ihnen, in das Bewusstsein der Nation gerückt; jenes Teils, der sich der Demütigungen, der verletzten Selbstachtung und der eigenen Deformationen immer bewusst war, der sich irgendwo eine ehrbare Nische erobert hatte, in der die eigenen Gesetze galten und der Anspruch, für das eigene Leben verantwortlich zu sein, überdauert hat.

Es hat den Anschein, als hätte es einer Naturkatastrophe bedurft, um unter den Karikaturen ostdeutscher Unbeholfenheit und Unbelehrbarkeit dieses andere Bild freizulegen und den Dresdener oder Pirnaer Bürger zu entdecken, der ebenso wie der Passauer Bürger unerschrocken und bis zur Erschöpfung seine Stadt schützt. Jetzt, da die Geschäfte abgesoffen und die Werkstätten vom Wasser zerstört sind, erfahren wir, wer alles inzwischen etwas aufgebaut hatte und entschlossen ist, es noch einmal aufzubauen.

Ostdeutsche Lebensläufe offenbarten oft erst im Licht ihrer gesamtdeutschen Fortsetzung, was sie wirklich gewesen waren, was man ihnen vorenthalten und zugefügt hatte; für die einen mag das den Verlust ihres Selbstbildes bedeutet haben; andere haben es wiedergefunden.

Als ich Mitte dreißig war und vermutlich wieder einmal unzufrieden mit meiner Herkunft, Erziehung und Veranlagung, sagte eine Freundin zu mir, ab irgendwann sei es unwichtig, warum wir wie geworden sind; wichtig sei nur noch, was wir daraus machen. Das ist ein hilfreicher Satz in meinem Leben gewesen, auch wenn der Spielraum vermutlich geringer war, als ich dachte.

(2002)

Gregor Gysi im Wahlkampf für die PDS in Berlin

Rede zum Hölderlin-Preis

Es ist nicht originell, über die Macht des Geldes zu sprechen oder die dem Geld entspringende menschliche Schlechtigkeit; trotzdem will ich die Gelegenheit dieser Preisverleihung nutzen, um über das zunehmende Unbehagen nachzudenken, das mir unser, wie mir scheint, sich veränderndes Verhältnis zum Geld bereitet. Jemand, der wie ich aus dem Osten kommt, setzt sich damit natürlich sofort dem Verdacht aus, er hätte eben den Markt und die Demokratie und die kreative Freiheit des Gelderwerbs nicht verstanden und trauere sozialistischen Verteilungsprinzipien nach, was ich getrost auf mich nehme, weil ich weiß, dass es nicht stimmt. Allerdings hat meine Unerfahrenheit in diesen Dingen vermutlich dazu beigetragen, dass mich das Maß, in dem das öffentliche Gespräch vom Geld bestimmt wird, zuerst verwundert, später belästigt hat und dass ich die Selbstverständlichkeit, mit der von mir erwartet wird, dass auch ich mich ständig mit Geld beschäftige – mit günstigen Angeboten, günstigen Versicherungen, günstiger Altersvorsorge, günstigen Fahrpreisen, günstiger Steuerklasse, günstigem Sonstwas – als Zumutung empfinde.

Nicht dass ich das Geld und das Geldverdienen verachtete; wer mit mir über Honorare verhandelt hat, wird das wissen. Geld an sich ist neutral, seinen Charakter gewinnt es erst durch seine Nutzung. Ich kann es verschenken, ich kann es vermehren. Ich kann mir Zeit dafür kaufen, die ich für das nächste Buch brauche oder um zu lesen oder was ich sonst tun möchte oder muss. Mich bewegt auch nicht die Frage, welche Bedeutung Geld für den Einzelnen hat, der ja die Prioritäten in seinem Leben selbst festlegt und danach entscheidet, ob er sein Geld in Zierfischen, Reisen, Zigaretten, Bildung, Aktien oder Autos anlegt.

Mich interessiert, warum jede öffentliche Angelegenheit nur noch als Geldangelegenheit verhandelt wird, warum jede Tradition, jede Einrichtung und jede Vereinbarung unter einen kurzfristigen Rentabilitätszwang geraten ist, warum und wie Wissen, Nähe, Fürsorge, Schönheit, Kunst unter der Messlatte des Geldes ihren eigenen Wert verloren haben.

Am 11. September 2001, als wir alle vor den Fernsehapparaten saßen und nicht glauben, noch weniger verstehen konnten, was wir sahen, lief unter den Bildern von den stürzenden twin-towers gleich einer Manifestation unseres Überlebenswillens das Endlosband der Aktienkurse. Und der deutsche Bundeskanzler beschwor sein Volk, sich durch das Ereignis nicht in seinem Konsumverhalten beeinträchtigen zu lassen.

Der Symbolkraft des Anschlags auf das World-Trade-Center fügten wir unsere Entschlossenheit, unbeirrt weiterzukaufen und -verkaufen wie ein Ausrufungszeichen an, als lebten wir, weil wir kaufen und nicht, weil wir atmen, denken, fühlen. Der Bundeskanzler hätte das Volk wenigstens aufrufen können, Bücher zu kaufen und zu lesen: Goethe und Hölderlin, Dante, Shakespeare, Spinoza, Voltaire, Heinrich Heine, Virginia Woolf, Marcel Proust, Thomas Mann, Hannah Arendt, damit jeder sich erinnert, was wir zu verteidigen haben und was eigentlich bedroht ist, wenn wir bedroht sind.

Das Einzige, das wir alle gemeinsam für unverzichtbar halten, ist das Geld in seinem neutralen Zustand. Sobald es Charakter annimmt, indem es diesem oder jenem Zweck zugeordnet wird, zerfällt die Gesellschaft in Arbeitnehmer und Arbeitgeber, Eltern und Kinderlose, Akademiker und Nichtakademiker, Windradbetreiber und Landschaftsliebhaber, Raucher und Nichtraucher, Vegetarier und Fleischesser usw. Kinder halten wir für unentbehrlich, weil sie eines Tages die Renten verdienen müssen und nicht, weil ein Leben ohne die nachfolgenden Generationen ein Albtraum wäre. Wer alt oder auch nur fast alt ist, kann jeden Tag in der Zeitung lesen, dass er den Ruin der Gesellschaft verschuldet und seine Anwesenheit auf Erden eigentlich eine Katastrophe ist.

Als ich noch Bürgerin eines autoritären Staates war, konnte mich der Gedanke, dass ich, ein freigeborener Mensch, staatlicher Willkür und Verfügungsgewalt ausgeliefert bin, in Raserei versetzen. Und jetzt, da wir die Freiheit gewonnen haben, erlebe ich, dass wir sie, als folgten wir einem Naturgesetz, dem Diktat der globalen Wirtschaft und ihren expansiven Ambitionen ausliefern. Ich verstehe nichts von der Wirtschaft und kann nicht beurteilen, wie sinnvoll ihr gigantomanisches Streben für sie selbst ist.

Aber dass sie unter dem Vorwand globaler Zwänge unser ganzes Leben unter ihr Gesetz zwingen will und unseren natürlichen Lebensbedürfnissen zuwiderläuft, ist offenbar. Der moderne, wirtschaftskompatible Mensch ist mobil, flexibel, möglichst ungebunden; gleichzeitig, weil die Gesellschaft eben nicht nur die Wirtschaft ist, sorgt er für Nachkommenschaft, betreut die alten Eltern und baut ein Haus als Altersvorsorge. Er hat also nicht weniger zu bewerkstelligen als die Quadratur des Kreises, weil er der Wirtschaft angehört und nicht die Wirtschaft ihm.

Vielleicht liegt es an unserem Verständnis von Reichtum, dass wir uns gegen die Okkupation unseres privaten Lebens nicht wehren und es mittlerweile normal finden, wenn Kinder, Eltern und wir selbst in Geld umgewertet werden, wenn die Effizienz eines Buchverlages nach gleichen Kriterien berechnet wird wie die einer Marmeladenfabrik und der Nutzen einer Universität an der Zweckmäßigkeit von Lehrerbildungsanstalten gemessen wird.

Was in Zeiten der Geldknappheit als entbehrlich gilt, beweist gerade der Senat meiner Stadt Berlin, die durch ihre Vorgeschichte und durch eigenes Verschulden in unbestreitbare Not geraten ist. Nach Maßgabe ihrer regierenden Politiker kann die Stadt auf ihre Universitäten und Forschungseinrichtungen, ihre künstlerischen Hochschulen und ihre Opern verzichten, also auf das Einzige, was sie überhaupt hat und das, einmal abgeschafft, für alle Zeiten verloren wäre. Nun darf man fragen, warum wir uns einen so phantasielosen, leidenschaftslosen und, wie mir scheint, verantwortungslosen Senat gewählt haben. Die Antwort ist so einfach wie empörend: weil wir nichts zu wählen hatten. Und das ist ein anderes Kapitel unserer lädierten Freiheit. Was sind freie Wahlen wert, wenn man zwischen zwei Kandidaten zu wählen hat, deren Politikstil denen, die von ihnen repräsentiert werden sollen, aus diesen oder jenen Gründen die Schamröte ins Gesicht treibt? Nicht der Unmut der Wähler und eine katastrophale Niederlage konnten die CDU bewegen, ihr Personal zu wechseln, sondern erst das dauerhafte Ausbleiben von Spendengeldern. Und die SPD, als Nutznießerin der fehlenden Konkurrenz, stellt in erschütternder Ignoranz und Phantasielosigkeit zur

Disposition, was die geistige Existenz der Stadt ausmacht.

Es bleibt die Frage, warum, abgesehen von vereinzelten Aktionen derer, die gerade betroffen sind, wir unsere Stadt nicht verteidigen und vor einer barbarischen Zurichtung durch die Buchhalter bewahren. Es hat den Anschein, als könnten wir uns nicht mehr darauf einigen, was wir für unantastbar halten; und das hängt vermutlich mit unserem Verständnis von Reichtum zusammen.

Die Religion und erst recht die sozialen Bewegungen des letzten Jahrhunderts haben die Armen geadelt und durch Versprechen auf das Himmelreich oder die Zukunft entschädigt. Wir haben uns zuerst Gottes, danach notgedrungen der Utopien entledigt. Unser Himmel ist leer und die Zukunft, so könnte man glauben, ist schon jetzt von den Ausgeburten unserer Hybris bevölkert. Der Glaube an eine höhere oder zukünftige Gerechtigkeit linderte zwar nicht die Armut, aber er behauptete einen Lebenssinn jenseits von Arm und Reich, er entschuldete die Armen oder Erfolglosen vor sich selbst.

Der Verlust der rational oder religiös begründeten Seinsgewissheit bürdet uns nicht nur die Sinnfindung für das eigene Leben auf, sondern auch die alleinige Verantwortung, wenn es misslingt. Kein Trost mehr durch Gottes unergründlichen Ratschluss oder durch das sichere Wissen, wie die Welt endgültig zum Guten zu bekehren wäre, keine Hoffnung auf das gerechtere diesseitige oder jenseitige Danach. Wir sind allein und nur von kurzer Dauer. Und obendrein erblicken wir nun, im Jahrhundert der Biologie und nach dem Jahrhundert der Physik, wenn wir in den Spiegel sehen, nicht mehr Gottes Ebenbild, sondern ein Geschöpf, dessen Gene zu 99,4 Prozent denen des Schimpansen gleichen. In den restlichen null Komma sechs Prozent wurzelt alles, was wir an uns einmal als göttlich empfunden haben, als jeder weiteren Erklärung entzogen, unsere geistige Existenz, die sich nach ihrem Vorbild streckte. Geblieben ist eine metaphysische Sehnsucht, die sich, weil sich keine einigende Gestalt und kein einigender Begriff mehr finden, auf das eigene Spiegelbild richtet und dieses zur Idee von sich selbst verklärt. Aber ein Mensch, der sich nicht streckt, schrumpft.

Im Sommer 2002, als die Elbe die Städte an ihren Ufern überflutete und wieder vernichtete, was gerade vor dem Zerfall gerettet worden war, zogen Menschen aus allen Teilen Deutschlands in die heimgesuchten Städte, um zu helfen. Dieser unverschuldete, gleichsam aus dem Himmel herabgefahrene Schicksalsschlag löste ein Mitgefühl aus, das zu tätigem Beistand drängte und die Erinnerung wachrief, dass man zu einer im Notfall füreinander einstehenden Gemeinschaft gehört. Eigentlich sind wir das ja immer,

Teil einer füreinander einstehenden Gemeinschaft. Wir zahlen Steuern, wir unterhalten gemeinsam die Schwachen und Kranken, unterstützen die Arbeitslosen, zahlen in einen Fonds für Entwicklungshilfe, wir nehmen Flüchtlinge auf aus aller Welt, ohne dass es uns mit jener Lust und Freude erfüllte, die den Helfern auf den Elbdeichen anzusehen war, die einer Idee von sich selbst gefolgt waren, die sie größer machte und schöner, als ihr Alltag es ihnen gestattete.

Ich stelle mir vor, ein glaubwürdiger Bürgermeister würde den Berlinern ohne Rücksicht auf Parteiinteressen und die nächste Wahl die Lage der Stadt vorrechnen und ihnen die verschiedenen Möglichkeiten, der Misere Herr zu werden, erklären; er würde ihnen sagen: Die Deiche sind gebrochen, und die Stadt wird ersaufen, wenn nicht jeder Bürger etwas von seinem Geld, seinen Fähigkeiten, seiner Zeit opfert, um sie zu retten.

Es wäre doch möglich – vorausgesetzt, wir würden dem Bürgermeister und seinem Senat vertrauen –, dass uns die Vorstellung, wir könnten alle gemeinsam unsere Stadt vor dem Niedergang bewahren, Spaß macht, weil diese Stadt uns allen gemeinsam gehört, nicht Müttern mit Kindern oder Opernliebhabern oder Fußballfans, Alten oder Jungen, Künstlern oder Geschäftsleuten, sondern uns allen. Und vielleicht würden wir uns glücklicher und sogar reicher fühlen, wenn wir zwar ein bisschen weniger hätten, aber dafür unser Bedürfnis, gut zu sein und zu etwas zu gehören, das mehr ist als jeder allein, nicht nur als allmonatlichen staatlichen Geldeinzug erleben würden. Wir müssten nicht mehr mit galligem Fatalismus zusehen, wie degenerierte, unfähige Parteien über die Zukunft der Stadt verfügen, als hätten sie sich nur vor ihren Parteivorständen und nicht vor drei Millionen Bürgern zu verantworten.

Natürlich müssten wir auch dann vom Geld sprechen, aber vielleicht weniger feindselig und eigennützig, weil wir vor allem Bürger dieser Stadt wären und nicht nur Angehörige einer ihrer Minderheiten.

Der deutsche Idealismus, wie er leibt und lebt. – Mag sein, aber ganz ohne ihn geht es auch nicht.

Ein jeder treibt das Seine, wirst Du sagen, und ich sag es auch, schreibt Hyperion an Bellarmin. *Nur muss er es mit ganzer Seele treiben, muss nicht jede Kraft in sich ersticken, wenn sie nicht gerade sich zu seinem Titel passt, muss nicht mit dieser kargen Angst, buchstäblich heuchlerisch, das, was er heißt, nur sein, mit Ernst, mit Liebe muss er das sein, was er ist, so lebt ein Geist in seinem Tun …*

Wären wir Bürger unserer Stadt in diesem Sinne, müssten wir als Erstes unser wichtigstes Recht, das Recht auf freie Wahlen, zurückerobern.

(2003)

SED-Parteiausweise auf Müllhalde in Bitterfeld

Rede zum Nationalpreis

Der Preis der Deutschen Nationalstiftung ist kein Literaturpreis. Er ist ein politischer Preis, der vor allem dem politischen Wirken unserer Arbeit im Sinne der Stiftung gilt, deren Ziel es ist, »die Fremdheit zwischen Ost und West zu überwinden und die nationale Identität der Deutschen in einem vereinten Europa zu stärken«. Dass unsere Bücher in den Augen der Stiftung dazu beitragen können, ehrt uns. Was als Würdigung durch eine politische Stiftung eine Ehre ist, kann als Kriterium für die Literaturwissenschaft und die Literaturkritik allerdings zu einem Problem geraten, über das zu sprechen mir diese Preisverleihung eine glückliche Gelegenheit bietet. Ich meine die politisch-pragmatische Rezeption der Bücher von ostdeutschen Autoren und die geschürte Erwartung, darin endlich eine Erklärung zu finden für dieses unverständliche Land mit seinen ebenso unverständlichen Bewohnern.

Für mich war die DDR weniger ein Land als eine Zeit, und nur so rechtfertigt sich auch der beliebte Zusatz damalig: die damalige Zeit. Die damalige DDR wäre eine Tautologie; es gab nur diese eine DDR, wie es die Weimarer Republik und den deutschen Nationalsozialismus nur einmal gegeben hat. Was aber heißt es für den Schriftsteller, eine Zeit zu erklären?

Er lässt seine Figuren in den Bedingungen ihrer Zeit agieren, egal, ob er die Geschichte einer großen Liebe oder gesellschaftlicher Umbrüche erzählen will. Er erzählt von Personen in den Verstrickungen oder in Kollision mit ihrer Zeit, und wenn es gelingt, erhellen die Personen die Zeit und wirft die Zeit ein Licht auf die Personen. Nichts anderes, jeder seiner Erfahrung und seinem Temperament gemäß, haben auch wir gemacht, die wir Geschichten über das Leben aus unserer Zeit, aus der DDR, geschrieben haben. So betrachtet, wäre das Bedürfnis nach Erklärung ja gar nicht falsch: etwas klären, klarer werden lassen, als es vorher war.

Trotzdem reizt es mich zum Widerspruch, fast zur Verweigerung.

Es assoziiert die Existenz von etwas ganz und gar Fremdem, das unbedingt der Erklärung bedarf wie ein kompliziertes technisches Gerät oder ein Naturphänomen, unbegreiflicher als das Mittelalter, etwas, dem der Erklärungsuchende ganz und gar ahnungslos und unschuldig gegenübersteht. Und das, obwohl wir alle gemeinsam 1945 von einer viel grausameren Diktatur befreit wurden, die Erfahrung mit dem Leben unter einer Diktatur also zu jeder deutschen Familiengeschichte gehört. So verstört und schuldbeladen sind wir damals in die getrennten Wege der deutschen Nachkriegsgeschichte aufgebrochen, für vierzig Jahre, die ausgereicht haben sollen, um füreinander unverständlich zu werden.

Das kann ich nicht glauben. Mögen die Bedingungen, unter denen die Ostdeutschen in diesen Jahrzehnten gelebt haben, auch absurd anmuten, ihre Lebensstrategien, ihr Versagen oder ihr Mut, die Neigung, sich einzurichten in Verhältnissen, die sie nicht ändern konnten, können den Westdeutschen, schließlich aus gleichem Holz geschnitzt und mit dem gleichen historischen Ballast behängt, unmöglich so fremd und rätselhaft gewesen sein, wie sie vorgegeben haben. Ich weiß ja nicht, wer ich da gewesen wäre – das war oder ist immer noch ein Standardsatz im deutsch-deutschen Dialog, mit dem eine gewisse Unsicherheit über die eigene Standhaftigkeit immerhin eingeräumt wird.

Kein Ostdeutscher, der diesen Satz nicht schon gehört hätte, und vermutlich auch keiner, der nicht ab und zu gedacht hat: Ich weiß genau, wer du gewesen wärst, und du selbst könntest es auch wissen. Und damit bin ich wieder bei meiner Irritation über die Aufklärungs- und Erklärungsforderung an die Literatur. Wenn wir eine Geschichte über einen Pferdehändler lesen, der im sechzehnten Jahrhundert ein erlittenes schweres Unrecht mit einem Rachefeldzug beantwortet, dann erfahren wir zwar auch etwas über die Willkür und Korruption unter feudaler Herrschaft, das ließe sich aber effektiver in einem Geschichtsbuch nachlesen. Nicht darum hat Kleists Novelle die Jahrhunderte überdauert und ist der Name Michael Kohlhaas zu einem Synonym für zerstörerischen Gerechtigkeitswahn geworden, nicht weil uns die Zeit erklärt wird, in der sie passiert ist, zumal zwischen dem historischen Geschehen und dem Entstehen der Novelle zweihundert Jahre liegen, sondern weil wir dem Menschen, dem diese Geschichte widerfahren ist, diesem »rechtschaffensten zugleich und entsetzlichsten Menschen seiner Zeit«, in seine Irrungen und Abgründe folgen, seine Besessenheit verstehen und in uns selbst erkennen und uns zugleich darüber entsetzen.

Das vermag Literatur im glücklichsten Fall: im einzelnen Menschen verstehen, was uns allen innewohnt, und die Umstände erkennen, die es zutage fördern können. Die Literatur als intuitiver Weg der Erkenntnis, die in der Sprache ihre Zuspitzung oder ihren Ausgleich findet, die in den Exzess oder zur Versöhnung führt – so würde ich vage benennen, was mich zum Schreiben von Büchern antreibt, und ich nehme an, dass es so oder ähnlich für andere auch gelten könnte. Wenn ich das als Maßstab für das Gelingen oder Misslingen meiner Arbeit setze und mir die Arbeit gelungen, wenigstens nicht misslungen ist, dann hätte ich mehr erklärt als das Leben in der DDR.

Dann könnte jemand, der das Buch liest, vielleicht sogar zu seinem Erstaunen feststellen, dass er, wenn auch in gänzlich anderen Konstellationen, schon ähnlichen Gewissensnöten ausgesetzt war, von ähnlichen Ohnmachtsgefühlen heimgesucht wurde, dass er den Menschen, von dem er liest, auch in sich selbst finden kann.

Wenn meine Arbeit mir nicht misslungen ist, habe ich also nicht die DDR erklärt, sondern ich habe erzählt, was mit Menschen geschieht, wenn sie Verhältnissen unterworfen sind, in denen sie eine relative materielle Sorglosigkeit mit ihrer geistigen Freiheit bezahlen und in denen der Versuch, sich aus der Unmündigkeit zu befreien, die Existenz und sogar die leibliche Freiheit kosten kann. Auch wer nicht in der DDR gelebt hat, wird in seinem Leben an einem vergleichbaren Kreuzweg gestanden und seine Entscheidung getroffen haben. Dass die gesamte literarische Produktion Ostdeutschlands zwischen 1949 und 1990, und sogar darüber hinaus, sowohl in der Germanistik als auch im Feuilleton, bis heute unter der Bezeichnung DDR-Literatur abgehandelt wird, ist nicht nur ein Ärgernis, sondern führt auch zu einer verengten Wahrnehmung der Texte, die vor allem auf ihren DDR-Bezug gelesen und damit ihrer Übertragbarkeit auf andere Lebenswelten beraubt werden.

In die Kategorie DDR-Literatur fällt von Willi

Montagsdemonstration in Greiz, Februar 1990

Bredel, Kuba und Louis Fürnberg bis zu Heiner Müller, Thomas Brasch und Sarah Kirsch jeder und alles, weil es sich dabei eben nicht um eine literarische, sondern um eine geopolitische Kategorie handelt, in die selbst noch Autoren eingeordnet werden, die zum Zeitpunkt der deutschen Vereinigung keine zwanzig Jahre alt waren.

Die Bundesrepublik Deutschland feiert in diesem Jahr ihr sechzigjähriges Bestehen. Ein Drittel dieser Jahre ist schon unsere gemeinsame Zeit. Und trotzdem erweckt es oft den Eindruck, das deutsche Original, auch in der Literatur, ist bundesdeutsch, der Osten eine seltsame Abart. Es ist an der Zeit, die Literatur, die in der DDR entstanden ist oder sie als Erfahrungsmaterial verwendet, an ihrer literarischen Qualität zu messen, statt sie nach ihrer geographischen Herkunft oder ihrem politischen Standort zu klassifizieren. Die DDR war das Ergebnis der gemeinsamen deutschen Geschichte, sie gehört zur deutschen Geschichte, und die Literatur, die in ihr geschrieben wurde, ist deutsche Literatur, gute oder schlechte, wahrhaftige und verlogene – vieles, was schon vergessen wurde, und anderes, das vermutlich vergessen wird, wie zu allen Zeiten. Vielleicht wird manches überleben, aber das entscheiden nicht wir.

(2009)

Nachweise

Ich war ein antifaschistisches Kind
Vortrag, gehalten im Dezember 1989 in der Reihe »Reden über das eigene Land: Deutschland« an den Münchner Kammerspielen. Erstdruck: *Die Zeit*, 1. Dezember 1989

Warum bin ich selbst gegangen
Der Spiegel, 14. August 1989

Das neue Elend der Intellektuellen
die tageszeitung, 6. Februar 1990

Letzter Zugriff auf die Frau
Der Spiegel, 14. Mai 1990

Fettaugen auf der Brühe
Der Spiegel, 16. September 1991

Zonophobie
Der Spiegel, 24. August 1992

Vier Archetypen
Frankfurter Allgemeine Zeitung, 20. November 1993

Mein Postamt
Kolumne im Deutschlandradio 1994/95. Erstdruck:

Monika Maron, *quer über die gleise. Essays, Artikel, Zwischenrufe.* Frankfurt a. M.: S. Fischer 2000, S. 71–74

Zwei Brüder
Der Spiegel, 13. März 1995

Vortrag in Japan
Vortrag, gehalten im Oktober 1995 in Japan. Erstdruck: Monika Maron, *quer über die gleise. Essays, Artikel, Zwischenrufe.* Frankfurt a. M.: S. Fischer 2000, S. 44–51

Im Osten nichts als Opfer
Berliner Zeitung, 9. Mai 1998

Penkun hinter der Mauer
Frankfurter Allgemeine Zeitung, 17. September 1999

Lebensentwürfe, Zeitenbrüche
Vortrag, gehalten auf dem Historikertag im September 2002 in Halle. Erstdruck: *Süddeutsche Zeitung*, 13. September 2002

Rede zum Hölderlin-Preis
Rede, gehalten am 7. Juni 2003 in Bad Homburg. Erstdruck: *Süddeutsche Zeitung*, 14. Juni 2003

Rede zum Nationalpreis
Rede, gehalten am 16. Juni 2009 in Weimar. Erstdruck: *Süddeutsche Zeitung*, 17. Juni 2009